教えない技術

「質問」で成績が上がる東大式コーチングメソッド

西岡壱誠

星海

280
SEIKAISHA SHINSHO

はじめに

突然ですが、みなさんは「生徒の成績が伸びる瞬間」というのはいつだと思いますか？


「いい先生の授業を聞いているとき」でしょうか？

「ていねいでわかりやすい参考書を読んでいるとき」でしょうか？


僕は、「スイッチが入ったとき」だと思います。

「覚悟」が決まって、「よし、自分はこの目標に向かって全力で頑張ろう」「勝つか負けるかはわからないけれど、後悔しないように全力で頑張ろう」と思えるようになったときにこそ、生徒の成績は大きく向上すると思います。

逆に、本人の意思が置き去りになってしまっていて、何のスイッチも入っていない状態では、どんなにいい先生からどんなに素晴らしい授業を聞いても、どんなに面白い本を読んでも、成績なんて上がらないのです。

であるならば、本当の意味で生徒の成績を上げるためには、本人の意思がとても重要なのです。本人のやりたいことを引き出して、それを導くようなアプローチこそが、生徒の成績を上げていくのではないでしょうか。

申し遅れました、僕は西岡壱誠《にしおかいっせい》と言います。僕は高校3年生のときまで偏差値が35だったのですが、担任の先生が僕のことを指導してくれて、2浪の末に東京大学に合格した人間です。こう話すと、「その担任の先生は教えるのが上手だったんだろう」「いい先生に勉強を習ったんだろう」と思う人もいるでしょう。ですが、そうではありません。

僕はその先生から受験に役立つ勉強を習ったことは、ただの一度もありません。だって、その担任の先生は音楽の先生だったのですから。僕は音楽の先生に「東大に行け」と言われたから、覚悟が決まって東大受験することにしたのです。

その先生から英語や数学を習ったことは一度もありませんでした。でも僕は、その先生に指導をしていただいたおかげで東大に合格することができたと思っています。

たとえば、僕は3回東大受験をした末に合格したわけですが、流石《さすが》に2回目の東大受験に失敗したときは、絶望的な気分になったのを覚えています。

「もう自分の勉強全部間違ってるんじゃないか」と。

「もう自分、勉強しても意味ないんじゃないか」と。

そんな「勉強法スランプ」に陥った自分に、その先生はこう言いました。

「『自分の勉強法が間違っているんじゃないか』と考えるのは、とてもいいことだ。でもそれって、自分だけで考えていても、答えが出ることなのかな?」

その話を聞いて、「たしかにそうだ」と思った自分は、いろんな頭のいい友達に頭を下げて、「ごめん、ノート見せて! どんな風に勉強しているのか、教えて!」と頼みまくりました。東大に合格した知り合いや、自分の学校で一番頭のいい友達に、片っ端から

「どんなノートを取ってるのか、ぜひ、教えてくれ」と。結果として、50人以上の友達から話を聞くことができました。

そして、「ああ、自分のやっているやり方はやっぱり間違っているんだ」と気づきました。そのとき学んだやり方を元に、今までの自分の勉強法をすべて変えて勉強するようになった結果、自分は東大に合格できたのです。

「勉強法スランプ」に陥った自分に対して、先生は「勉強法」を教えませんでした。それどころか、「勉強法をいろんな人に聞いてみなさい」とすら、言いませんでした。でも、だからこそ僕は学び、行動に移すことができました。教えられていないのに、適切なタイミングでの指導があったおかげで、東大に合格することができたのです。

そして東大に合格した僕は、自分と同じように困難な状態から偏差値を大きく向上させて東大に合格した「逆転合格東大生」たちと一緒に、会社を作りました。今では、貧困家庭から週3バイトしながら合格した東大生や、地方県立高校で東大模試1位になった東大生など、30人以上の逆転合格した現役東大生たちと一緒に、様々な教育実践活動をしています。

たとえば、日曜劇場『ドラゴン桜』の監修や漫画『ドラゴン桜2』の編集を行い、東大生300人以上の勉強法を調査したり、「リアルドラゴン桜プロジェクト」をはじめとするさまざまな教育プログラムを実施して、全国20校以上でワークショップや講演会を実施したり。

昨年は、MBSテレビの番組『100%！アピールちゃん』で、タレントの小倉優子さんの大学受験も支援し、その中でコーチングについての研究をして、今では「リーダーシップコーチング協会」の理事も務めさせていただいております。

さて、そうした「逆転合格東大生」の経験を聞いたり、生徒に対するコーチングを実施したりする中で感じるのは、やはり「コーチング」の大事さです。別に指導者自身が知識を持っていなかったとしても、「教えないでも子供が育つ技術」さえあれば、生徒は自然とジャンプアップしていくものなのです。

本書の理想は、ここにあります。僕を導いてくれた音楽の先生のように「子供に勉強を教えないで、どのように成績を上げていくのか」について、みなさんに情報をシェアするのが、本書です。

特に、

- **「自分の子供に勉強のやる気がない」と嘆《なげ》く親御さん**
- **「なかなか自分のクラスの成績が上がらない」とお悩みの先生**

こういった方々には、この本を読んで後悔はさせないことをお約束します。

この本でまとめたのは、東大流のコーチングメソッドです。東大に合格した人たちがどのように勉強していたのかを調べて、東大生たちとどのようなコーチングが適切なのかを考え、コーチングのプロや大学の先生ともディスカッションをして作り上げたメソッドになります。

身の回りの人のコーチングについて模索する中で、もしかしたらみなさん自身にもいいフィードバックがあるかもしれません。自分で自分をコーチングするためのメソッドも見出してもらえると幸いです。

それでは、スタートです！

目次

第5章 受験や資格試験に使える、具体的な「教えない技術」

第1章

なぜ「教えない技術」コーチングが大事なのか

「勉強を教えれば成績が上がる」のウソ

本書では、「生徒に勉強を教えないで成績を上げる方法」について解説します。

……なんて言うと、読者のみなさんは「はあ?」と思うのではないでしょうか。

「勉強を教えないで、どうやって生徒は成績を上げるっていうの?」と考える人が世の中の大半でしょう。

ですが、僕はこの「勉強を教えないと、成績が上がらない」という前提自体が間違っていると考え、本書を執筆するに至りました。

まずこの章では、「人から教わらない方が、頭が良くなる」という事実を発見するに至った過程をみなさんにご説明しましょう。

さて、まずはみなさんに質問です。

「先生の授業を聞くと、頭が良くなる」

これは、○でしょうか？　×でしょうか？

おそらく多くの人は「○」と答えると思いますが、よく考えてみてください。たとえばこの本を読んでいるあなたが大人の方だったとして、10年以上前に聞いた授業の内容を覚えていますか？

「1ミリも覚えていない」「断片的になんとなく思い出せるが、全く再現できない」という人が多いのではないでしょうか。

「頭が良くなる」とは、「新しい知識を得て、知らなかったことがわかり、問題解決に活かすことができるようになる」ことだと定義できます。この定義に照らし合わせたとき、少し年月が経ったら忘れてしまうような学校の授業を受けたとして、果たして本当に「頭が良くなる」と言えるのでしょうか？

もちろん僕は、「授業が無駄だ」と言いたいわけではありません。

ですが、そもそも多くの人は、「頭が良くなる瞬間」を誤解したまま勉強しているのではないかと感じるのです。

人間が物事を記憶したり、知識を活かしたりできる状態になるのは、知識をインプットしている瞬間ではなく、アウトプットしている瞬間です。

たとえば先生の授業を聞いたり、教科書を読んだりしているだけでは、その内容はあまり記憶には定着せず、問題を解くこともできません。

情報を自分の中に取り入れる「インプット」の時間には、頭は良くならないのです。

その内容を自分なりに咀嚼《そしゃく》して、問題を解いたり、ノートを取ったり、人に説明したりして、情報を自分の中から外に出す「アウトプット」の時間にこそ、頭は良くなっていきます。

これは教育学的に証明されている話です。

コロンビア大学では、「覚えるべき事柄をインプットする時間とアウトプットする時間を計り、実験者たちがどれくらいの割合だと一番記憶が定着するのかを計測する」という実験が行われました。その結果、「インプットの割合が3割、アウトプットの割合が7割」のときに、一番記憶の定着が良いことがわかったのです。

要するに、人の話を読んだり聞いたりしているだけでは人は物事を全然覚えられず、問題を解いたり説明したりしているときの方が物事を覚えやすいのです。

この話を踏まえた上で、同じ質問をもう一度させてください。

「授業を聞くと、頭が良くなる」

これは、○でしょうか？　×でしょうか？

僕はこの問いの答えが×だとは思っていません。ですが、「授業を聞くだけでは、頭は良くならない」と言っても過言ではない、とは思います。

真に頭が良くなるのは、人から何かを教わっているときではなく、自習の時間です。

自分で時間をコントロールして、自分なりに咀嚼してノートにまとめたり、問題を解いたりする時間をたくさん作ってこそ、成績が上がるのです。

この意識が、先生の側も生徒の側も、不思議と欠けている場合が多いように見受けられます。

先生がどんなにいい授業、わかりやすい授業をしたとしても、授業を受ける生徒が家に帰ってからその授業を咀嚼したり復習したりする時間がないと、成績は伸び悩んでしまうのです。


これを象徴するような話に、「自称進学校のジレンマ」という問題があります。

生徒の成績を上げるために先生方が過剰な熱意を持っている、「自称進学校」と呼ばれるような学校であればあるほど、逆に生徒の成績が伸び悩む場合があるのです。

なぜこんなことが起こるか、メカニズムは簡単です。

先生が熱意を持っているので、こうした学校では「放課後にも講習をやろう」「もっと授業を増やそう」と、生徒に教える時間を伸ばす傾向にあります。「平日も夜まで授業をしよう」「土曜日もみっちり勉強を教えよう」と、どんどん授業数が増えていって、生徒はインプットの時間ばかりが長くなっていきます。人の話を聞く時間が増える半面、アウトプットや復習の時間が取れなくなってしまいます。そうすると、いくらいい授業を聞いていたとしても消化不良で終わってしまい、以前よりも成績が下がってしまう、というジレンマがあるのです。

これは、先生ではなく親御さんが勉強を教えている場合も同様です。どんなにいい授業ができる場合でも、自習の時間が減れば、当たり前のように成績は下がってしまうのです。

同じように、塾に通っている生徒の中で熱意がある生徒が、なぜか成績が下がってしまう場合があります。意欲があるので塾の授業をたくさん取りまくり、真面目に授業を聞いてはいるのですが、授業数が多くてアウトプットや復習の時間が取れなくなってしまい、塾に通っていなかったときよりも成績を下げてしまう場合があるのです。

こうしたエピソードを聞くと、「授業を聞くと、頭が良くなる」は必ずしも「○」ではないということがわかってもらえるのではないでしょうか？

「教える勉強」が必ずしも正しいわけではないのです。

なぜ外国人の恋人ができると外国語が上達するのか

さて、また一つ質問させてください。

「外国語を上達させたいのなら、外国人の恋人を作ればいい」

これは、○でしょうか？　×でしょうか？

この言説、どこかで聞いたことがある人も多いのではないでしょうか。

恋人と話ができるようになりたいというモチベーションが生まれれば、その恋人が話す言葉の学習が非常に速くなる……そういう考え方ですが、これはなんとなく当たっているような気がしますよね。実際、そうやって英語がうまくなった人は僕の周りにも多いですし、この話が広く知られるようになっているということは、きっと非常に多くの人がこの言説に共感しているという証明です。

つまり、○の可能性が高そうですね。

しかし、この言説は一体どうして正しいと言えるのか、もう少し考えてみましょう。

どうして「外国人の恋人ができて外国語を話すモチベーションが高まる」と語学学習の効果が高くなるのでしょうか？


僕の友達に、この法則に則って英語を上達させた人がいます。その人に今回話を聞いてみたところ、意外な回答が返ってきました。


「たとえば電車に乗っているとき、外国人に向けた英語のアナウンスをするだろう？　英語学習に対するモチベーションが低いときにこのアナウンスを聞いても、『ああ、なんか英語で喋っているなぁ』くらいにしか感じなかった。

でも、英語を話す外国人の恋人を作って、その恋人と話したいからすぐにでも英語をマスターしたいと考えているときは、そのアナウンスが自分にとって英語の教材を聞いているかのような気分になったんだ。同じように、何気ない毎日の中に英語はたくさんある。看板やメニューの英語表記、普段使っているカタカナ語、企業の名称の中に含まれている英単語……。全てが英語を勉強するための手段に見えた。自分の英語が上達したのはそれが理由なんだ」

日常生活を送る中で、英語は身の回りにたくさん存在しています。「メニュー」だとか「アナウンス」だとか「モチベーション」だとか、英語由来の言葉はこの数ページの中にも複数回使っていますし、英語が会社名になっている会社も非常に多いです。我々は普段から意識せずに多くの英語に触れているのです。

しかし大半の人は、普段目にしたり耳にしたりするこれらの言葉が具体的にどういう意味なのか、考えずに生きている場合が多いと思います。しかし英語に対するモチベーションが高くなると、それまでスルーしてきた身近な英語に対して意識を向けられるようになります。机に向かっているわけでもないのに英語の勉強ができるようになるのです。これこそが、「外国語を上達させたいのなら、外国人の恋人を作ればいい」説の真相なのだと思います。

なぜ、こんな話をしたのかというと、「勉強は、受け身でやるのではなく、能動的にこちらからやろうとした方が効果が出やすい」と見事に証明しているからです。

「授業を受ける」という言葉は、英語で表現すると「take a class」になります。日本語では「受ける」という受動的な言葉ですが、英語では「take」つまり取るという能動的な意味を持つ言葉です。日本人は勉強というとつい「やらされるもの」とイメージしてしまいますが、勉強は自らが主体となって行う、能動的なものでないといけないのです。

東大生は質問をして成績を上げる

東京大学に入って生活していると、やはり東大生はみんな勉強に対する姿勢が「能動的」であることに気づかされます。

僕は東大に入って、初めて授業を受けたとき、実はすごく大きなカルチャーショックを受けました。

東大の授業が終わった後のことです。「東大生って、授業が終わった後、どんな行動をするんだろう?」なんて考えていたら、東大生がみんな、先生のところに集まっていったのです。

そして、「ここがわからなかったです!」「ここって、教授はどういう意見をお持ちなんですか」などと質問していました。

彼ら彼女らは、東大に入るほど頭のいい人たちです。偏差値の上では、日本で一番頭のいい人たちの集まりですらあります。そんな、わからないところなんてなさそうな人たちなのに、質問に行くんです。逆に、自分が偏差値35だったころを思い返してみると、1回も質問になんて行ったことがありませんでした。

勉強に対して「取りに行こう」とする姿勢がある人って、成績が伸びやすいんですよね。

そして逆に考えれば、「生徒が成績を上げられるような指導」というのは、いい授業ではなく、「生徒側がtakeする姿勢を持ちやすくなる指導」なのではないかと思うのです。

たとえば、入学した生徒が前向きになって大きく成長することで有名な、長崎県の創成館高校の教頭先生と話したときに、こんなことを言っていました。

「今の生徒って、手のひらが上を向いているのです。手のひらを上に向けて『教えてください』という状態なのです。基本的にほとんどの子が、自分の手のひらの上に誰かが何かを乗せてくれるのを待っている状態なのです。『成績を上げてくれ』と言って塾に行き、『どんな将来に進めばいいですか?』と聞いてくる。だからこそ、その手のひらをひっくり返して、自分でつかみとれるような仕組みや環境を作ることが必要なのです。自分でやりたいことをつかみとり、『学校や塾をどう利用して成績を上げようか』『自分の将来はどんな風になりたいだろうか』と、自分で考えて行動する態度を持ってもらわないとダメなんです」

この本を読んでいるのがお子さんを持っている親御さんであれば、もしかしたらこの言葉にハッとする部分があるのではないでしょうか。子供が親に対して、「○○してくれるのが当たり前」の態度になっている、という話は最近よく聞きますし、学校現場の先生方も同じように感じているわけですね。「手のひらが上を向いている」のは、最近の子供たちに共通する要素だと思います。

そしてこの状態のままだと、やっぱり成績は上がりません。もし、「成績を上げたい」と思うのであれば、何かを「してあげる」のではうまくいかないのです。

なんでもかんでも教えてあげるのではなく、むしろ「教えない」で「自分で考えさせる」方がうまくいくことがあるのです。

小倉優子さんが「頭が良くなった瞬間」

この、手のひらの向きのことを考えると、僕は思い出すことがあります。それは、テレビの企画でタレントの小倉優子さんに受験指導を行った経験です。シングルマザーとして3人の子育てをしながら大学合格を目指すテレビ番組の企画だったのですが、僕が初めて小倉さんに授業をしたとき、僕は一つ、とても困ったことがありました。

小倉さんは、僕が授業をして「わかりますか?」と聞いたら、それに対して一言、「わかりません」と言ったのです。

僕はこの「わかりません」に、とても困ってしまいました。「なるほど、僕の話に難しい部分があったんだな」と反省するのは当たり前として、ストレートに「わからない」と言われてしまうと、教える側としてはもうどうしようもないんです。

ただ「わからない」とだけ言っているのは、もうどんな知識も、そこでシャットアウトしてしまっている証拠です。小倉さんが「わからない」とシールを貼ってしまえば、その知識はどう頑張っても「わかる」のカテゴリーには入らないのです。これは、小倉さんが手のひらを上に向けていたということなのだと思います。

ですが、1年間勉強を教えさせていただく中で、小倉さんのこの「わかりません」が、明確に変化した瞬間があったのです。

受験が近づいてきたある日、僕は以前と同じように授業をして、「これ、わかりますか?」と聞きました。そうすると小倉さんは、少し考えてから、こう言ったのです。

「いまの段階だと理解できないから、どうすれば理解できるか、一緒に考えてもらってもいいですか?」

この発言に、僕はとても驚きました。いままで難しい問題に、ただ「わからない」と答えていた小倉さんが、「わかるためにはどうすればいいか」という問いを持つ姿勢で臨むようになったのです。

同じ「わからない」でも、最初の「わからない」とこれとは、天と地ほどの差があります。

「難しいからわからない、できない」と自分で思い込んでいるうちは、いつまでもできるようにはなりません。でも、「きちんと考えればわかるはずだから、わかるようになるためには、できるようになるためには、どうすればいいか考えよう」と思うと、「わからない」はどんどん「わかる」に変わっていきます。

この発言が出た前後から、小倉さんはどんどん頭が良くなっていきました。「どうすればできるようになるのか」を考えるのは自分の手でつかもうとするようになったということで、この姿勢になってからは、成績が一気に上がるようになったのです。そして小倉さんは見事大学に合格しました。

頭を良くするためには、自分の手でつかみとりに行く必要がある。これをぜひ覚えてもらえればと思います。

「日本は少子化の時代」は本当か

さて、ここで少し、スケールの大きな話をさせてください。なぜ、今の日本の子供達は「手のひらが上を向いている」のか、という議論です。

まずは一つ、質問をしましょう。

「今の日本は、少子化の時代である」

これは、〇でしょうか？　×でしょうか？

「〇だよ。当たり前じゃないか」とお考えの人が大半だと思うのですが、僕はこの言葉に若干の違和感を覚えるのです。

言葉の定義として、日本はどんどん子供が少なくなっていますから、「少子化」は間違いではありません。でも、子供の側に立ってみたら、この言葉は違和感のある言葉だと思うんですよね。

子供からすれば、「子供が少ない」時代ではなく、「大人が多い」時代なんです。子供1人に対して、関わっている大人の数が多い時代だ、という見方もできるわけです。そういう意味で、「少子化の時代」は、大人目線な言い方なのではないでしょうか。


さて、この本を読んでいるのが大人の方だとしたら、みなさんは子供時代に何か「悪いこと」をしませんでしたか?

隣の家の塀に登るだとか、子供同士の喧嘩《けんか》で殴りあったりだとか、火遊びをしたりだとか、とにかく大人の見ていないところで、とんでもない「悪いこと」をした経験がある人も少なくないのではないでしょうか。

しかし今、都会に生きている子供達は、そんなことはほとんどできません。

コンプライアンスに厳しい時代になったから、という理由もありますが、一番の理由は「大人が多い」ことなのではないでしょうか。

ひとりっ子が増えて、都会に人口が集中した結果、大人が子供を直《じか》に見ていない時間が、昔に比べて圧倒的に減っているんだと思います。公園ではボール遊びもできず、何か危ない遊びをしていたら大人からすぐに注意されてしまいます。

そんな世の中で、子供たちは「大人から答えを教えてもらう」のが当たり前になっています。「何が正解なのか」を、大人に聞くようにしているのです。

たとえば、自分の進路選択一つ取ったって、その進路選択に口出ししてくる大人の意見をよく聞きます。今の時代、大人が多いから、口出ししてくる大人の数はとても多いんです。僕も学生と進路の面談をしていてとても驚くのですが、「自分は○○大学を目指したいと思っているんですけど、○○大学卒のおじさんが、『君は向いていないんじゃないか』って言ってて、おじいちゃんも『おじさんが言ってるからやめといた方がいいんじゃないか？』って言ってきたので、ちょっとやめようと思います」なんて具合に、進路選択に親に加えてその他の親戚まで口出ししていることが多いんです。

これは、昔よりも子供の数が減ったから発生していることだと思います。昔であれば、「孫は20人いる」とか「同じ世代の子供の親戚が15人いる」とか、当たり前でしたよね。

そんな時代に、一人一人の進路について口出しはしなかったでしょう。

でも、子供が減ったので「たった1人の孫の進路の話」になってしまって、どうしても干渉したくなってしまうような世の中になっているのだと思います。

そういう意味では、今の子供たち世代はとても可哀想だと思います。自分の選択や行動に対して、コメントや評価をする大人が多く、必然的に「今の自分の行動は、大人の目から見て正しい行動なんだろうか」と考えて動かざるを得なくなっているからです。

そんな子供たちの、ある種の防衛策になっているのが、「手のひらを上に向ける」なのだと思います。そもそも、大人から答えを教わって、その答え通りにやっていけば、それは正解になります。だから「おじさんが言うからこうします」「先生の言う通りにします」と、反抗せずに受け入れて、大人が言う「正解」の行動を取り続けている場合が多いのです。自分で考えた答えを出さなくても、その方がうまくいくことを知ってしまっているのですから。

「教わるのが当たり前」を変えれば成績が伸びる

このように、今の若い世代は「教わるのが当たり前」になっているのです。「とにかく答えを教えてくれ」「言われた通りにやるから」という生徒が、昔よりも圧倒的に増えていて、その結果として不良が減り、その減った分の多くが、不登校になっているのだと思います。

こんな時代だからこそ、「教える勉強」ではなく「教えない勉強」が必要なのではないでしょうか。誰かから正解を聞くのではなく、自分で考えて正解を導くような勉強こそ、時代にマッチしているのではないかと思うのです。

それが、本書で提唱するコーチングメソッドです。

さて、次が本章での最後の質問です。

「勉強とは、答えを知るものである」

これは、○でしょうか？　×でしょうか？

おそらく多くの人は「○」と答えるのではないかと思います。みなさんの想像する勉強は、答えがあることを知り、答え自体を覚えていく過程のことではないでしょうか。「1582年に本能寺の変が起きた」「1600年に関ヶ原の戦いが起こった」など、一つ一つの答えを暗記していきましたよね。

しかし残念ながら、実は東大をはじめとする大学入試の問題では、「答えを覚える勉強」をしてきた生徒を弾《はじ》く入試が行われています。

たとえば、「シャッター通り商店街はなぜ増えているのか」という入試問題が出題されたことがあります。この問題に答えられるかどうかは、「シャッター通り商店街はこういう理由で増えている」という理由を知っているかどうかで決まるわけではありません。なぜならそんなことは、教科書には載《の》っていないからです。勉強に対して、あらかじめ決められた答えを「覚える」イメージを持っている人が多いでしょうが、東大はそういう「答えを覚える」行為を続けてきた人を落とす問題を出題しているのです。

東大が求めるのは暗記ではなく、勉強の過程で答えを「想像する」ことで、それが習慣になっている人を積極的に合格させるための問題を出題しているのです。この問題は、「どうしてシャッター通り商店街は増えているんだろう？　こういう理由も考えられるかな？　自分は最近商店街に行ったかな？」と、自分なりの答えを想像して出せるかどうかが鍵になっています。

結局、「答えを覚える」ことには限度があります。覚えていない問題が出たときに無力になってしまうからです。

最終的には覚えた知識を活かしつつも、見たことのない問題に対して考え続け、想像し、答えに自分から近づいていかなければならないのです。これは、誰かから教わってできるようなものではありません。自分の頭で考えられないと難しいです。

東大がこういう「知識で解くのではなく、自分で答えを出せるかどうかを問う問題」を出題している意図は、非常にわかりやすいと思います。

大学に入ったら、答えのない問いに、自分で果敢に挑戦していかなければならないからです。

高校までの勉強は、答えがある場合が多いでしょう。しかし、大学に入って社会に出たら、答えがないことの方が多いですよね。そういうときに、ただ「答えを覚える」勉強をしてきた人たちは問題にアプローチすることができなくなってしまいます。「答えを想像する」勉強をしてきた人でなければ、苦労することになるのです。

そうであるにも関わらず、やっぱり先ほどお話しした通り「大人の多い時代」だからなのか、「答え」を求めてしまう生徒が非常に多いんですよね。


たとえば、「西岡先生、自分はどういう場所で勉強したらいいと思いますか？」と聞いてくる生徒は最近とても多いです。

「いや、どこでもいいんじゃない!?」と思う人もいると思うのですが、彼ら彼女らにとって「どこで勉強するか」という細かいことに関しても「答え」が欲しいのだと感じます。

僕が「やっぱり自習室で勉強した方が捗《はかど》ると思うよ」と言ったとき、完全にそれに従って「わかりました、じゃあ自分は勉強を自習室でするようにして、家では勉強しないようにします」と答える生徒もいます。とてもいい回答だと思うのですが、これもやっぱり「答え」を求め過ぎている側面も否めません。

相手の意見を100パーセント正しいと捉えて受け入れてしまう、「自分」がない生徒も、成績が伸び悩む場合が多いんです。絶対的で正しい「答え」を求めて、自分で「答え」を出さないと、うまくいかないんですね。

逆に、成績が上がる生徒は、他人に答えを求めるのではなく、自分で答えを作り出すことが多いです。

「自分はこういうタイプなんで、こういう風に勉強します」と、自分の好きなスタイルが確立していて、こちら側が勉強法を提案したときにも「この点は確かに自分の勉強法にも取り入れられるので、やってみます。ただ、自分のやり方も大事にしたいので、とりあえず一部分取り入れてから残りは考えます」と、自分に合ったやり方も大事にしつつ他者の意見を自己流にアレンジすることができる生徒の方が、圧倒的に成績は上がりやすいのです。

僕が本書を通してみなさんにシェアさせていただきたいのは、「答えを自分で考えてもらう指導法」です。答えを教えるのではなく、その前に自分で考えて、仮説を立てる習慣をつけてもらうのです。それこそがこれからの時代にマッチしたやり方であり、生徒を大きく向上させることのできるやり方なのではないでしょうか。

第2章

コーチングの最初の一歩「コーチングレディ」

コーチングは徹底的に自己選択を求める

ではここから、具体的にコーチング技術についてお話ししたいと思います。

まず第一に、生徒をコーチングしていくために重要なのは、「徹底的に、自己選択を求める」ということです。

第1章からお話ししている話と重なる部分もありますが、そもそも指示をして「こうしなさい」というスタンスを取っているうちは、生徒が前のめりになって勉強をし始めることはないと思った方がいいと思います。

自分から、「こうなりたい」「こうありたい」「この道を選びたい」と思った人の方が、成績が伸びるのです。そして、自分からそういったビジョンを持つために重要なのは、「自分自身で選択すること」です。それを助けることがコーチングだとも言えます。

ちょっと脱線しますが、みなさんは部下や子供を叱《しか》るときに、どんな風に叱っていますか？

「こんなことはしてはいけない！」と怒っているでしょうか。それとも、もっと優しく言いますか？　昔は、暴力的に相手に言うことを聞かせるような教育が行われていたそうですが、それではうまくいかないというのは最近よく言われている通りです。最近の教育学的な研究の中で見えてきた、一番効果的な「叱る」やり方は、こうです。

「ねえ、今先生は、君のことをこの件で怒ることができるんだけど、怒られたい？」

と、生徒自身に聞くのです。

一見すると「えっ」って思いますよね。そんなの、怒られたいと言うわけないじゃん、と。

でも、こういうシチュエーションは考えられると思います。

生徒が赤信号で、無視して渡って、あわや引かれそうになった。
そういうとき、あなたがこう問いかけたらどうでしょうか。

「君がやったことは、とても危なくて、もしかしたら自分が傷つくかもしれない。また、君の行動を見て、後輩たちが真似をして怪我をするかもしれないから、人のことを傷つけてしまうかもしれないほど危険なことだったんだ。もしこのまま君が何も学ばなければ、君は後悔するかもしれないと思う。さて、君はここで、怒られたいかい?」

この状況だったら、「怒られたい」と思う人もいるかもしれませんよね。こうすると、「ああ、確かに自分はここで学ばなければならないのかも」と思いますよね。
そういう気分になったら、もうあとは、怒られるか怒られないかは些末《さまつ》な問題になってしまいます。そして多くの場合、生徒は「今は怒らないでほしいが、次回同じことをしそうになったら怒ってほしい」とお願いするのです。そして、もし本当に同じことをしそうになったら、言葉通り「君が望んだから」と怒ればいいわけですね。

さて、この「自分が望んだからそうしている」という状況は、とても重要な前提です。だって、望んでいないことを教え込んでも、なんの意味もないですから。口を開けていない犬の口に、無理やりご飯を流し込んでも、犬はすぐに吐き出してしまうことでしょう。それと同じで、「相手が望んでいる状況」でしか、主体的な学びも、人からのコーチングも、意味がなくなってしまうのです。

コーチングの基本「コーチングレディ」とは何か

この章では、生徒が受け身の姿勢で教わるのではなく学びを得るための重要な前提である、相手が学びに積極的になっている状態「コーチングレディ」についてお話ししたいと思います。生徒自身が望んでいる状況をいかにして構築するか、ということです。

ビジネスコーチングで成果を上げている「PABLO」という会社で実践されており、100人以上のビジネスパーソンが実際に採用しているメソッドです。本書の執筆にあたり、それを、今回学生や若年層向けに整理してみました。ですので、ここからの議論は本来はビジネスパーソンが実践していることを嚙み砕いて説明したものです。本書で論じるメソッドは、子供だけでなく大人にも応用できるという前提で聞いてもらえればと思います。

さて、コーチングレディについてお話しする前に、みなさんに一つ質問をしましょう。
あなたが親御さんだとして、子供が朝になっても起きてこなくて、あと少しで遅刻しそうだと思ったら、その子を起こしますか？

まあ、大抵の親御さんは起こすと思います。「遅刻しちゃうよ！」と。
でも、本当にそれって正しいのでしょうか？
だって、そこで親御さんが朝起こしてしまうと、自分から朝起きるという行動をする可能性が消えてしまいますよね。人に言われないと、起こされないと、起きられないようになってしまいます。

だから本当は、子供の長期的な成長を考えるのであれば、「起こさない」という選択を取った方が子供にとっては学びになるのです。「教えてあげない方が子供は伸びる」と先ほどから論じ続けているので、この理屈は大体わかってもらえるかと思います。

さて、そしてその中でこの場合に重要なのは、「子供が望んでいるかどうか」です。

たとえば、「明日って、朝早く起きなきゃならない？」と聞いて、子供が「うん」と答えたとしましょう。そのときに、「じゃあ、君が8時に起きてこなかったら、起こした方がいい？」と聞くのです。

そこで、もし「起こしてほしい」と答えるのであれば、起こしていいと思います。逆に、「自分で起きる」と言ったのなら、その前提を尊重するべきでしょう。朝起きてこなくても起こすべきではありませんし、見守るべきです。

この質問があるのとないのとでは、朝の親に対する対応は天と地ほどの差があると思います。朝起こしたときに、「うるさい！」と怒るのか、「ああ、起こしてくれてありがとう」と感謝するのか、同じことをやっているのに、前提条件一つで態度は180度変わってくるのです。

友達があなたをランチに誘ってきたとしましょう。「どうしてもこの店に行きたい」と言われ、「この店ではこの料理がおすすめなんだ、ぜひ食べてくれ！」と言われた料理が不味《まず》かったら、みなさんは怒ると思います。「おいしくないよ」とはっきり文句を言うでしょう。

でも、自分が選んだレストランに入って、すべてのメニューをしっかり吟味《ぎんみ》して選んで、その上でおいしくなかったら、「うーん、あっちを選んどくべきだったかな」と後悔することはあっても、誰かに責任を取ってもらおうという発想にはならないはずです。

つまりは、「自分が選択しているかどうか」が重要なのです。自分で選択したことは、自分の責任であり、前のめりになって話を聞かざるを得ないのです。

話を聞く側が、自分から選択して、「聞こう」と思っているかどうか。

また、自分から選択して、「勉強したい」と思っている状況なのかどうか。

それがコーチングレディです。

これはとても重要なことで、もし相手の聞く姿勢がなければ、どんなにいいことを言っても、相手には全然刺さらないですし、そこからの学びも全て、ストップしてしまいます。

自分から勉強するようになる3つの質問

では、どうすれば相手は、話を聞く姿勢を持って、「自分から勉強したい」という気持ちになるのでしょう。僕はこれについて、3つの質問が重要だと思っています。

まず1番目の質問は、「幸せになりたいか？」です。

大抵の人は、「将来幸せになりたいか？」と聞かれたら「イエス」と答えるでしょう。

不幸せになりたいと思っている人はほとんどいないはずです。

「イエス」と答えたとしたら、「こうすれば幸せになれる可能性があるよ」「こういう方法があるかもしれないよ」と未来のことを話してみましょう。このとき大事なポイントとして、未来の話を勉強と結びつけて語るのです。

たとえば、大学受験は幸せになるための手段として有効なものではあります。勉強して頭が良くなったら、生涯年収も変わるかもしれません。そんな風に、「幸せになりたい？」という問いかけを、勉強への糸口としていくのです。

もちろん、勉強を押し付けてはいけません。「勉強すれば幸せになれる可能性が高くなると思う」と言ってもいいと思いますが、「勉強しなければ幸せになれない」という「脅《おど》し」をするのは、自己決定から遠ざかってしまうので良くないと思います。

若干この本の趣旨と異なる部分があると感じる人もいるかもしれないのですが、選択をしてもらうことが重要でも、そもそも子供たちは選択肢を知らない場合があります。自分にはどういう道があるか、どういう方法で幸せになれるのか、そういった展望は独力ではなかなか学べない部分があると思います。選択肢だけは、提示してもいいのだと思います。

しかし提示するだけで、その選択肢を無理やり選ばせてはいけません。無理に相手に「幸せになりたいだろ？　ならこうしないと」と迫るのは強制力が働いてしまうので良くありません。


次の質問は、「成長したいか？」です。「幸せになりたいか？」と同じような意味なのですが、相手の成長願望を聞くのです。

成長とは、いろんな意味を内包している言葉です。勉強ができるようになるのも、頭が良くなるのも、コミュニケーション能力が上がるのも、プレゼン力が上がるのも、また忍耐力が高まるのも、集中力が上がるのも、人に優しくできる能力が上がるのも、全て等しく「成長」です。

人は、根源的な欲求として、他人から求められたい、必要とされたいと願うことがあると思います。子供たちは、「社会に出てから人から評価されたいか？」と聞かれたら「イエス」と答える場合が多いです。そしてそのためには、何らかの部分で自分を成長させることが必要であると思います。

次の第3章では具体的なコーチングの手法の数々についてお話ししますが、生徒が「成長したい」と思っていることを再確認することによって、生徒が前のめりになって勉強するようになることがおわかりいただけるはずです。そのために必要なのは「こういう成長をするために、こういうことをやってみない？」と聞くことです。

2つほど、ダメな例と好ましい言い換えを挙げてみましょう。

× **英語の勉強をしないか？**

○ **将来、外国の人と喋れるようになったらプラスだと思わないか？**

× **プレゼン大会に出てみないか？**

○ **プレゼンスキルを磨いて、将来、人に対して自分のやりたいことを話せる人にならないか？**

言い方の問題ですが、このように相手の「成長欲求」に響くような言葉選びをすることで、相手のモチベーションを上げることができます。人は、自分が「成長したい」と思えば、行動に移せるのです。それをアシストするのがコーチングです。

そして成長のために必要なのは、「自分の現在地の理解」でもあります。自分が今、どれくらいのスキルがあって、目標を達成するためには将来的にどうならなければならないのかという「差分の理解」が重要です。第3章では、より具体的に相手に「成長差分の理解」をしてもらう方法をお伝えします。

そして、最後の質問は、「何をしてほしいか?」です。

スパルタ教育が効果的な場合とは?

この質問の意図について説明する前に、少しだけ脱線させてください。

みなさんは、スパルタ教育ってどう思いますか？

人から厳しく指導されて、ガンガンに詰め込まれる指導で、現在では否定されている部分が大きいと思います。みなさんも「スパルタ教育はダメだ」というイメージがあるのではないかと想像しますし、「教えない」スタンスを標榜している本書は、スパルタ教育と真逆だと思われているに違いありません。

ですが、私は「スパルタ教育はダメだ」とは思っていません。一定の効果があるタイミングがあると考えています。

それは、「相手がスパルタ教育を望んでいるとき」です。「自分は厳しく指導された方が伸びると思います。ですから厳しくしてください！」と相手が言っているとき、スパルタ教育はとても効果がある手法だと言えます。

先ほどから何度も、「相手に選択してもらうことが重要だ」と言っていますね。厳しい指導がいいのか、優しい指導がいいのか、相手が望んでいるかどうかが最重要なのです。相手の選択を重んじることは、必ずしも相手に優しくすることとイコールではないのです。

これはビジネスの現場でも大事なことです。「自分はあなたに対して、厳しくすることも、優しくすることもできる。どっちがいい?」と最初に聞いてしまうのです。そして、「厳しくしてください」と選択した人に対してであれば、相手が望む限り厳しくしてOK、むしろ厳しくすることが是となります。

ちなみにこのとき、「自分は、こういうことができる人間である」とプレゼンするのもおすすめです。「ちなみに厳しくしていいなら、僕は君の英語のスキルを英検準一級合格レベルまで持っていくことができると思う」などと、自分が相手にとってどのような利用価値があるのかを話し、選択肢を提示します。

コーチングにおいて理想的なのは、コーチがいい意味で相手から利用される関係です。相手が自分のことをうまく使ってくれて、成長のために自分たちを利用してくれている状態とは、相手が自分から学ぼうとしているということに他なりません。ですから、自分が相手にとってどのようなことができる人間なのかをプレゼンした上で「自分はこんな利用価値があるが、あなたは自分のことをどのように利用しますか?」と聞くのです。

これも、「選択肢の提示」の一種ですね。

「幸せになりたいか？」
「成長したいか？」
「何をしてほしいか？」

この3つの質問を、最初からずっと続けていくのがコーチングの基本です。こうすることで、相手は「自分で選んで、成長したいし幸せになりたいから、この人からこういうように接してもらいたい」と将来のビジョンが具体的になり、コーチングを受け入れられる「コーチングレディ」の状態になります。

逆に、この姿勢がない状態でどんな話をしても、あまり入ってはいきません。

相手がこの状態になったことを確認して、実際のコーチングに進むようにしましょう！

第3章

生徒が自分で成績を上げられるしくみを作る

ティーチングとコーチングの違い

では第3章では具体的に、「どうすれば生徒が、勉強を教えなくても成績が上がっていくのか」についてお話ししたいと思います。

ですがその前にみなさん、ちょっとした心理テストにご協力ください。

あなたは川の前で、飢えた男の人に出会いました。何日も飲まず食わずだと言うその人は、川を泳ぐ魚を物欲しそうに見ていましたが、魚の釣り方を知らないので捕まえることができないのだと言います。

あなたはちょうど、魚の釣り方を知っています。さて、あなたはAとB、どちらの行動を選択しますか？

A　すぐに男の人のために魚を釣ってあげる。

B　少し時間はかかるが、男の人に魚の釣り方を説明してあげる。

さて、これは有名な、「ティーチングとコーチングの違いを示すテスト」です。それぞれの選択肢は、Aはティーチング＝答えを教えること、Bはコーチング＝考え方を導くことを表していると言われています。

Aを選ぶ人の思考としては、「お腹が空いているんだから、早く魚を釣ってあげた方がいいじゃないか」「その人が魚釣りができるようになるかなんてわからないんだから、すぐに魚を釣ってあげよう」といったところでしょうか。

実際、2000年代までは小中高などの教育業界においても、Aの「ティーチング思考」の方が強かったです。「とにかく言われた通りにやりなさい」という指導がずっと行われてきました。

しかし、時代は大きく変わって、今はBの「コーチング思考」の方がいい、と言われるようになってきました。やり方を教えて、本人にやってもらう方が、うまくいく場合が多い、ということが段々とわかってきたからです。

短期的には、魚を釣ってあげた方がお互いに楽でしょう。一般論として、相手自身に考えさせるよりも「こうすればうまくいくんだよ」と答えを明かして、指示を出し、その通りに行動させていく方が即効性があると思います。

ですがそれは、長期的な効果があるものではありません。あなたがずっと魚を釣ってあげ続けないと、また飢え死にしそうな状態に逆戻りです。いつまで経っても相手が自立しないのです。

相手に魚の釣り方を教えるのは、結構大変です。魚を釣っているときに糸が切れるかもしれない。自分がうまく釣り方を教えてあげられないかもしれない。それでも、もし一度釣り方を覚えさせてしまえば、自分が何も手伝わなくても独力で魚が釣れるようになります。

教えるのではなく、学び方を学んでもらう。この本でお話ししている「教えない技術」も、コーチング的な思考になります。

勉強そのものではなく、勉強法を教えてあげる。「この英単語はこういう意味なんだよ」と教えるのではなく、「英単語はこうやって勉強すればいいんだよ」と、学び方を習得させるのです。

逆に、「教える」という行為は、相手が自分で考える時間を減らすことでもあります。「習わないとできない」状態とは、第1章でお話しした「手のひらが上を向いている状態」で、あまり良くない状態なのかもしれません。本当にその人のことを考えるのであれば、あえて「教えない」で、自分で考えてもらうことが重要なのではないでしょうか。

この思考が重要であり、今の心理テストはそれを理解してもらうためのものでした。

さて、この話、実はもう一段階「奥の話」があると僕は思っています。というのも、今の時代は、ネットを使えば魚の釣り方くらい簡単に検索することができますよね。「英単語の勉強の仕方」すら、ネットでいくらでも見つかる時代です。魚の釣り方を教える必要すらなくて、その本人が自分で調べる気になれば、あなたの手助けがなくなっても、もうなんの問題もなくなります。

自分で自分の勉強を構築していく状態になること。これこそが、最終的なゴールだと言えます。

この本ではここから、「生徒を『自分で成績を上げられる状態』にすること」を目的とした「教えない技術」についてお伝えしていこうと思います。

勉強の目的は「声優と結婚したいから」でもいい

最初のステップとして、どんな課題においても重要なのは、「目的の設定」です。本人の望みを、明確にするのです。

たとえば、大学受験をしない高校3年生がいたとします。学校でテストも実施されておらず、勉強をする意味がないと考えている生徒としましょう。この場合、どんなに頑張ってコミュニケーションを取っても、本人の意思で「勉強しなきゃ」とは思わないんですよね。そうなるともう、どんなに勉強させようと先生や親が躍起になっても意味がなくなってしまいます。

この状態を改善させる方法は一つです。なんでもいいから、勉強をする目的を明確にしてあげる必要があるのです。

大学受験をする生徒なら、どこの大学に行きたいのかを明確にしてもらいます。宣言して、周りの人にも表明してもらうことがモチベーションにつながります。

同じように、大学受験をしない生徒であっても、「こういうことができるようになるから勉強した方がいい」と勉強の目的を明確にすることは有効です。「将来、外国人と話せるようになるために英語を勉強しよう」とか、なんでもいいのでゴールを明確にするのです。

このとき重要なのは、「その本人が心から望んでいること」を尊重することです。

周りの人がそう言っているからとか、先生や親がそれを正解だと言っているからとか、そんな言い訳の余地がないくらい、「自分の心の底から」の目的を明確にしてあげるのです。

こんな風に言うと難しく感じるかもしれませんが、正直、くだらないものでも構いません。

たとえば東大生も、変な望みを持って東大に来ている例がかなりあります。

「地元から出て、東京に行って声優と結婚したいから」
「このキャンパスを毎日散歩したいから」
「あいつに勝ちたいと思ったから」

とか、人によってはくだらないと感じる理由であっても、結果として東大に合格していることも多いのです。

目的は、高尚ではないことでいいのです。どんな目的かは二の次で、とにかく明確なゴールを作ることがコーチングにおいて重要です。

このようにして一度ゴールを決めると、自分の努力に「意味」ができます。勉強する理由を、自分で作れるようになること、これこそがとても大切なのです。

有名な話ですが、人間が一番、「つらい」と思う瞬間はいつか、みなさんはご存じでしょうか？

どういうときに人間は一番精神的に追い詰められるのか、知っていますか？

それは、「無駄なことをしていると自分が感じるとき」です。「なんでこんなことをしなきゃならないんだ」と思うようなことを無理やりさせられるのは、とてもつらいことなのです。人間が一番つらいと感じる拷問は、身体を痛めつけられることではなく、「穴を掘れ」と命令されて自分で掘った穴を、今度は「埋めろ」と言われて埋めて、さらにまた「穴を掘れ」と言われて、のサイクルを繰り返すことだと言われています。

「賽《さい》の河原」という、人間が死んだ後の「あの世の苦行」でもこれと同じように、石を積んでは鬼に崩され、ということが永遠に続けられると言います。それほど、「意味がない」と思うことをやっているときに人間は精神的に追い詰められてしまうのです。

これと同じことが、勉強においても言えるのです。

「勉強したくない」と感じる生徒が多い一番の理由は、「勉強しても意味がないじゃん」と思えてしまうから、目的を見つけることができていないからです。

歴史の年号を知っているからといって、大人になってから社会で役に立つことなんてそうそうないんじゃないか？　そう考えていると、歴史の授業で眠くなってしまいますよね。

僕は昔、数学が大の苦手でした。それはなぜかというと、数学という科目に全くやる意味を見出せなかったからです。「数学の公式を覚えたところで将来使わないかもしれないんじゃないか？」としか思えず、どうしても「こんなことやる意味ない！」「やりたくない！」という思考に陥ってしまい、数学をやらなくなってしまったのです。

「やりたくない」の原因を考えていくと、このように「目的」がないことが理由になっていることが非常に多いのです。

だからこそ、勉強の目的を持ってもらえるように未来の可能性を見せてあげることが重要なのです。

目的には3種類ある

さて、目的を持ってもらうときに使える、3つの質問があります。それぞれ、「短期的・中期的・長期的」な話です。

それぞれ、次のような質問の答えが目標に相当します。

短期的なゴール：次のテスト・試験でどれくらいの点数が取りたいのかを聞く。

中期的なゴール：受験でどこに行きたいのか聞く。中学生なら高校、高校生なら大学など。または、1年後にどうなっていたいのかを聞く。

長期的なゴール：将来どうなりたいのかを聞く。または、自分が死ぬときのお葬式にどんな人が来ていてほしいのかを聞く。

具体的なベンチマークを置いて、それについて質問することがおすすめです。

たとえば、短期的なゴールでも中期的なゴールでも「テストや入試でどれくらいの結果を出したいのか」を聞いていますが、やはり具体的に点数として自分の努力の結果が見えてくるものをベンチマークにおくとうまくいくことが多いです。

そしてこのとき重要なのは、「具体的に数字で目標を掲げてもらう」ことです。

たとえば、「テストでいい点を取りたい」と考える人は多いと思いますが、東大生は「テストでいい点取りたい」という目標設定はあまりしません。「次のテストで、数学は70点を取りたい。英語は80点を取りたい」と、「いい点」を具体的にして明確な目標設定をします。

こうすることで、うまくいったときには「うまくいった！」と喜べて、失敗したら「自分の努力が足りなかった」と反省することができます。

「いい点取りたい」と漠然と考えているだけだと、仮に数学が69点だったとして、「うまくいった」と考えることも「自分の努力が足りなかった」と反省することもできません。明確な目標がないから、成功も失敗もないのです。これでは、「次こそは頑張ろう」とか

「次回はもっといい点を取ろう」とか、あんまり考えられないんですよね。

実際、「数値目標があった方が頑張れる」と、行動経済学の分野で科学的に証明されています。たとえば100回の腹筋をするとして、「1、2、3……」と数えながら腹筋するのと、数えないでただ黙々と腹筋して、第三者から「今ので100回目だったよ」と教えてもらうのだと、どちらの方が腹筋できそうでしょうか？

正解は、ほとんどの人が、「数えながら」の方です。「あと3回で終わりだ！ あと3回だから頑張ろう！」と、終わりが見えている方がうまく頑張れるのですが、「あと何回やればいいんだろう……」とゴールが見えない状態だと、そこまで頑張れないのです。

だからこそ、数字で目標を設定できるように指導することが必要なのです。


短期的なところから、明確な数字の目標を設定する。

そして、その目標を達成できるように頑張る。

達成できたら喜んで、できなかったら悔しがる。

これが、「教えないで成績が上がる」第一歩だと思います。

そして、身近な目標だけでなく中期的・長期的な目標設定をしてもらうことも重要です。

短期的な目標を達成した先で、受験でどこに合格したいか、どんな将来に辿り着きたいのか、考えるのです。

小学生が英検準1級を取れる理由

最近は、小学生でも英検をガンガン取得している子が多いです。それも、5級4級ではなく、2級や準1級など、高校生でも取得が難しい試験に小学生で合格している場合が多いのです。

なぜそんなに早く合格できるのか、英検対策塾を営んでいる人に聞いてみたのですが、その答えは意外なものでした。

「小学生って、夢が○○中学校に入りたいとかじゃなくて、『世界で活躍する医者になりたい』とか、スケールが大きいんです。中学生とか高校になると、『受験のため』みたいな短期的な目標になっちゃうんですけど、小学生は夢がとにかく大きい。『世界で活躍するプロスポーツ選手になりたい、そのためにいっぱい英語がしゃべれるようになりたい、だから、そのために英検を取る！』みたいな心構えなんです」

小学生ならではの理由ですよね。確かに、「学校に入る」というだけのモチベーションだと、入ったらそれで英語の勉強も終わってしまいます。

でも、その学校に入った後にどんなことがしたいのか、どんな目標があるからその学校に行きたいのかが明確だと、それからも努力が苦にならないんですよね。

「いい点を取りたい」「この大学に行きたい」という目標は、その先の視点が抜けています。

「将来こういう自分になるための手段として、勉強している。短期的には○○点以上を取って、中期的にはこの大学に入って、長期的にはこんなことがしたいから、今勉強しているんだ」と、長期的な目標がある方がモチベーションが維持しやすいわけです。

逆に、短期的な目標では、どうしても無理が来る場合があるのです。

ここで一つのたとえ話をしましょう。

3人のレンガ職人という話があります。

旅人が町に行きました。3人の職人がいました。全く同じようにレンガ積みをしています。

1人目に「あなたは今何をしていますか」と聞くと、「レンガを積んでいます」と答えました。

2人目に「あなたは今何をしていますか」と聞くと、「建物を作っています」と答えました。

3人目に「あなたは今何をしていますか」と聞くと、「この町の人が憩《いこ》えるコミュニティの場を作っています」と答えました。

ここで3人を比べてみると、全く同じことをやっているのに、3人目が1番効率良かったといいます。

この話からわかるのは、「3人目の職人のような、長期的な目標を見据えたモチベーションが必要である」ということです。「英検を取りたい」だけではなくて、その先の目的意識をきちんと持てることが大事なのです。

まずは、短期的なゴールと、中期的なゴール、長期的なゴール。この3つを明確にすることからはじめましょう。

さて、短期的な目標設定ができたタイミングで、次に生徒にやってもらいたいのは「乗り換え案内」です。

目標設定は「乗り換え案内」方式で

みなさんは、乗り換え案内を使ったことはありますか？

現在地を入力して、行きたい目的地を入力すれば、そこまで行くのに最適なルートを提示してくれるツールですよね。スマホを使っている人なら、誰でも乗り換え案内の機能を使ったことがあるのではないでしょうか。

現在地と目的地がわかっていれば、その間を埋めるためにはどうすればいいのかが検索できるわけです。

それと同じで勉強も、「現在地」と「目的地」さえ意識できれば、その「ギャップ」を埋める方法を見つけることができます。

ここでいう「現在地」は「現在の点数」であり、「目的地」は「理想」です。この2つを知り、そのギャップを埋めるためにはどうすればいいかを考えるのです。

先ほど、「短期的にテストの目標点数を決める」についてお話ししました。

その目標に照準を合わせて、そこまでたどり着くための方法を考えていく、ということです。

たとえばテストの成績が今40点で、80点を短期的な目標としたのならば、あと40点分はどこで点数を取るのか？　どういうポイントで、どんな努力をすればその40点という差は埋められるのか？　そういうことを考えられるようになれば、一人で勉強を構築していくことができるのです。
まとめるとこうなります。

ステップ1：理想とするゴールの点数を考える。
ステップ2：それに対して現状、どんな状態なのかを書きだす。その際に、理想の状態になるためにどれくらいの時間をかけられるのかも合わせて書いてみる。
ステップ3：理想と現実のギャップはどれくらいあるのかを分析する。
ステップ4：そのギャップを埋める方法を列挙してみて、その中からいくつかを選んで自分の行動目標にする。

先ほど、「いい点を取りたい」ではうまくいかない、という話をしましたね。
多くの場合、生徒が自分の努力を形にできないのは、曖昧に「いい点を取りたい」と考えてしまっているからだと僕は感じています。「いい点」などの具体的でない目標を掲げてしまっているから、「どの勉強をどれくらいやればいいか」がわからなくなってしまうのです。
テストの前に、なぜかテスト勉強が手に付かなくなってしまう生徒っていますよね。やる気はあるんだけど、「何をするべきなのか」がわからない、と。

「試験が迫っているとき、一体何から手を付ければいいのか、どんなことを優先して努力すればいいのか」——これが明確でなく、目標が定まっていないうちは、努力することは難しいです。

しかし、この答えを見つけることは実はとても難しいことです。だからこそ、まずは数字で明確な目標を定めて、「あと何点取りたい！」と考えるところから考えていく必要があるのです。

簡単にできることではありませんが、この目標設定はしっかりと自分で考えてもらわなくてはいけません。

なぜならこの「乗り換え案内の思考法」は勉強以外にも、社会に出てからも、結果を出したいときには重要になってくる考え方だからです。結果を出したいときに、「理想と今のギャップを考えて、その間を埋めていく」という行動を実践するのは、何も勉強に限った話ではありません。

むしろ勉強における目標設定は、点数が明確に出てくる分、やりやすい部類とさえ言えます。仕事では点数評価がない場合が多いので、「あと5点分だけ頑張ろう」といった数値目標が見つけにくいんですよね。

なので学生のうちから、勉強をするときにこの努力の仕方を身につけておけば、社会に出てから、より複雑な努力が求められる場合にもうまく転用できるはずです。

このメソッドは勉強はもちろん、仕事にも役に立つのです。

この方法で努力の仕方を見つけていく際、「答えとなる手段や選択肢が1つではない」ことが、面白いポイントだと思います。

乗り換え案内では「速い行き方」「安い行き方」「乗り換えが少なくて楽な行き方」など、いろんなルートが提案されますね。それと同じで、ギャップを埋めるための努力は1つだけではなく、いろんな種類のものがあります。つまり、複数の選択肢から自分がする努力を選ぶことができるのです。

仮に100点満点のテストで、30点から50点に、あと20点点数を増やしたいとしましょう。そのときにどこで20点を取り、どの50点を捨てて「取らない」のかを考える必要があります。100点を目指す人はそんなにいないでしょうから、実は「選んで努力」することができるはずです。

このときにこそ、「自分で」考えなければなりません。自分の得意分野や問題の難易度、配点をしっかり考え、自分で自分に適した努力を構築していくのです。

目標が2つあるとモチベーションが維持できる

このとき、目標の立て方にもう1つ工夫するべきポイントがあります。それは、1つの目標ではなく、2つの目標を立ててもらうということです。

目標を立てても、それを達成できなくて気力が萎《な》え、モチベーションが下がってしまっては意味がありません。「70点が目標だったのに60点しか取れなかった、もうダメだ」なんて言って、一度失敗したことでやる気が下がってしまう人って多いです。短期的には仕方がないのですが、ショックで全然勉強しなくなってしまうこともあります。自分にできる努力の仕方を見つけるために目標設定したのに、これでは本末転倒でしょう。

しかし、こういうケースはかなり多いです。完璧主義で高い目標を掲げたもののうまく達成できず、そして1つのことがうまくいかなくなっただけで全てが嫌になってしまった経験、みなさんも身に覚えはありませんか？

「あー、午前中から勉強する予定だったけど、起きたら昼じゃん、今日はもういいや！」みたいなことってありますよね。1つの目標が達成できなかったがためにその後までうまく努力できなくなってしまう、というこの問題は、目標が理想的すぎるから発生してしまうものです。

でも、だからと言って、簡単な目標にしすぎてしまうと、自分が本当にできる範囲を狭めてしまいます。人間、「30点でいいや」と思ったら、40点にも50点にもなれる可能性を秘めていたとしても、30点までしか伸びません。だから目標は高く持ちたいけれど、しかし失敗すると気分が落ち込んでしまうので、目標を上げたくない……そういうジレンマは多くの人が直面するものです。

それに対する解決策が、2つの目標を持つ、二重目標なのです。

これは東大生が結構やっている方法なのですが、最低限達成したいラインを「最低目標」、最高で達成したいラインを「最高目標」として設定し、実際の結果がその間になればいい、と考える方法です。先ほどの「乗り換え案内の思考法」において、目標をあえて2つ作っておくわけです。

最低目標と最高目標を設定しているので、その「間」であれば目標がある程度達成されたことになります。これなら、目標が高すぎることによる弊害も低すぎることによる弊害も生じることがありません。

「最低限これだけはやっておかなければいけないライン」を考えておくと、それを超えられた時点である程度の目標はクリアしたことになります。そのラインを作っておけば、全てが嫌になってモチベーションが続かなくなることはなくなります。

たとえば筋トレをしようと思ったとき、「最低でも30回は腹筋をしよう」と自分の能力に合った最低ラインが決まっている状態なら、「まったくやらない」ということが発生しなくなるのです。

ちなみにこのとき気をつけるべきこととして、最低目標は本当に達成可能なものにしなければならないという点があります。「最低限」のラインが高くて達成できないと、「ダメだった、最低ラインも達成できないからもういいや」に逆戻りしてしまい、意味がなくなってしまいます。そのため最低ラインをクリアしたら、今度は次の目標にアプローチしていく、とステップをふんでいくわけです。

このように、目標を2段階で持つようにしてもらうことで勉強が捗る場合があります。ぜひ試してみてください。

東大生が勉強の最初にすることとは？

さて、今の二重目標の発想で生徒のモチベーションを維持することはできるのですが、それに必要な現在地、つまり「現状」を書くときに、よく発生する問題があります。それは、「現状がわからない」というものです。この問題の解消方法についても触れておきましょう。

目標は、先ほどの話でもありましたが、なんとなく決められる場合が多いです。「うーん、じゃあ、次は70点かな！」みたいに、当てずっぽうでもうまくいくからです。

しかし現状の方は、そうはいかないのです。

「今の状態がどうなのか」は、テストをしなければわかりません。でもここで問題があります。最近の生徒はテストを嫌がる傾向があるのです。「自分の実力を知るのが怖い」と。

ここで重要なのは、「きちんと自分の実力を理解するモチベーションを持ってもらう」

ことです。テストに対してマイナスな意味付けをせず、現在の自分の実力をしっかりと把握する手段としてプラスなイメージを持ってもらえるように、指導者としてしっかりコミュニケーションを取っていく必要があるのです。

ちょっと話は逸《そ》れますが、僕が『ドラゴン桜2』の編集を手伝っていたとき、漫画家の三田《みた》紀房《のりふさ》先生にこんなことを言われました。

「いよいよ東大専科にメンバーが集まった。9限目（9話目）からはいよいよ、受験勉強を始めたい。そこで、『東大受験をする際に、まずは何をするべきか』を考えてきてほしい」

この言葉を受けて、僕は東大生メンバーを集め、早速会議を行いました。「受験勉強をどこから始めるべきか」と。

結論から言うと、この会議は、めちゃくちゃ紛糾しました。

いろんな東大生がそれぞれの考え方を言って、収拾がつかなくなってしまったのです。

「英単語からやるべきだ」

「まずは国語の語彙力ではないか」

「それよりもまずは勉強の楽しさに触れるべきでは」

と、どの東大生もガンガン意見を言い合ったのです。どの意見にも正当性があって、しっかり聞けば納得できてしまうものばかりでした。そのため、「これ」という1つを決めることができなかったのです。

そんな中で、誰もが会議に疲れ始めたそのとき、工学部の東大生がこんなことを言いました。


「失礼ですが、この種の議論に意味はあるのでしょうか。私は、データが不足している状態で、何が正しいかなど議論できないと思います。そもそも東大受験をする登場人物2人はどういう状態なのか、どの科目がどれくらい苦手なのか、わからない状態では、議論しようがありません。まずはデータを収集するところから始めるべきなのではありませんか？」

この意見は、非常に説得力のあるものでした。

そもそもどの勉強法がいいのかは、その生徒の状況に応じて変わってしまうという視点は全くもってその通りだと、その場の東大生みんなが感じたのです。

結局、彼の意見が採用され、まずは大学のセンター試験（共通テスト）を全教科解かせて実力を見るところからスタートしようという結論になったのでした。

「どこができないのか」を把握するのが勉強の第一歩

私はこの話から、「自分にあった勉強法を知るためには、自分の現状分析が不可欠なんだな」と感じました。

勉強とは、頭を良くするために実践するものです。そしてテスト勉強とは、成績を上げるための努力を指します。資格試験や受験などでは、その成績が一定の水準以上に到達すれば合格、ということになります。

当たり前ではありますが、この「テストとはどういうものか、何のためにやるのか」は重要です。それなのにこの前提が生徒たちの頭からは抜け落ちている場合が多いんですよね。学校や親が無理やりテストを受けさせる社会の中で、そもそもテストの意義を考える機会をなくしてしまうのです。そうなると、テスト勉強はとにかく長い時間を勉強に費やして頑張るものだ、という精神論に陥ってしまうこともあります。しかし現実には長い時間つらい勉強に耐えられれば合格できるなんてこともないですし、どれだけ長い時間を勉強に当てていようとも、頭が良くなっていなければほとんど意味がないわけです。

そして、「成績が上がる、テストでより良い点を取れる」勉強をするために一番有効な手段は、「できないところを見つけて、それをできるようにする」ことだと思います。

できないところができるようになれば、自《おの》ずと頭は良くなります。解けなかった問題が解けるようになればテストの点が上がり、受験であれば合格に近づくのです。合格点まであと100点必要だったとしても、毎日1点ずつ上げていけば、100日間で合格できる計算になります。

「できないところを見つけて、それをできるようにする」という当たり前のことを徹底できれば、理論上は、誰でも合格できるのです。時間はかかるかもしれませんが、毎日1点でも点が上がっていけば、誰でもいつかは必ず合格できるわけです。

しかし、繰り返しますが、意外とこの「できないことができるようになる」のが受験勉強だという視点が、抜け落ちている場合が多いんですよね。

僕はよく「勉強法を教えてほしい」と聞かれるんですが、それに対して「まず、君は一体何の科目のどこができないの?」と聞き返すと、驚くべきことに答えられない人が多いんです。

何がわからないかがわかっていない。その状態では、成績を上げるための戦略を考えるのが困難なのは当たり前です。

東大生がテストで100点を取ったら落ち込むのはなぜか?

そして、成績を上げる第一歩である現状認識を生徒にさせるものこそ、テストなのです。

たとえばみなさんは100点満点の試験で100点を取ったことはありますか?　僕

はほとんどないのですが、やっぱり100点満点が取れたら相当嬉しいだろうなと感じます。おそらく多くの方は同じなのではないでしょうか。

しかし、東大生の中には、「100点満点を取ると落ち込む」人もいるのです。これは僕の友達の話ですが、満点を取るとすごく嫌な顔をする人がいました。

「なんで？」と理由を聞いてみると、こんな風に答えていました。

「だってテストって、できないところを見つけるために受けるものだろ。満点だったってことは、受けた意味がなかったじゃないか」

彼は、模試や試験・問題を「弱点発見のための手段」だと考えていたのです。

確かにその定義で言えば、1問も間違えなかった満点のテストでは、ただの1つも弱点を発見できなかったという意味で「受けた意味がなかった」ということになってしまうのです。

逆にいうと、0点だったテストは、見方を変えれば「こんなに伸びしろがある！」「こんなに弱点が発見できた！」といいこと尽くめだとも言えるのです。

弱点発見の手段としてテストを捉えるなら、点数が高ければ高いほど嬉しいとは思えず、「0点のテストだったら喜んで、100点のテストだったら落ち込まなければならない」のです。

何が言いたいのかというと、テストを高得点を取るためのゲームではなく、自分の現在の実力を知るためのツールとして認識してほしい、そこから正しい目標設定をできるようになってほしい、ということなのです。積極的に小テストを出して、自分の今の知識のどこが足りないのか、どこが穴になっているのか、逆にどこができているのかを明確に把握してもらう。

そのときに注意しなければならないことが1つあります。「できていないこと」を責めてはいけないのです。できなくてもいいから、弱点を導き出せればOK、という考え方でテストを出していくのです。

できなかったところができるようになっていけば、「みんなは成長しているね」と褒めてあげるべきです。

このような手法は、多くの場所で使われています。

たとえばベテランの予備校講師の方がお話ししていたのが、こんなやり方でした。

「僕が人前で話すとき、僕は生徒に「ちょっと難しい問題」を出題するんだ。で、「わかんないよ」と言われてから、「でも、これを理解すれば解けるんだよ」と授業をする。そうすると、解けなかった生徒ほどよく聞いてくれるんだ。

そして最後に、「最初の問題と同じような問題」を出題して、解いてもらう。そこで解ければ、生徒たちは「できるようになった」「この授業には意味があった」と感じてくれるので、生徒の満足度が上がって、自己肯定感も高まるんだ」

ただ勉強を教えるのではなく「できない問題ができるようになった」という体験を提供することで、その勉強の時間に意味があったと感じてもらえるようになるのです。

この手法は、塾や予備校の先生が授業をするときによく使われているものだそうです。

そして、ちょっと人に何かを教えるときにも使えるテクニックですね。

1時間で生徒の実力を伸ばす方法

さて、この第3章の話を踏まえて、具体的に1時間生徒に対して向き合い、テストを使って実力を伸ばす方法をみなさんにシェアさせていただきたいと思います。

ステップ1：まず、テストを用意する

最初に用意するテストは、解けない問題が多い方がいいですが、まるっきり解けずに手も足も出ないのは良くありません。「あー、やったはずなのにできないな」とか「簡単っぽいのにできないな」とか、そう思えるような塩梅のテストが理想的です。正直このテスト選びがすごく重要で、ここが一番苦労します。逆に、いい難易度のテストさえ作

れればその先は簡単です。

ステップ2：そのテストを解いてもらい、「答えだけ」を教える

テストを実際に解いてもらいます。時間は短い方がいいです。「じっくり考えてみよう」ではなく、「1分で全部解いてみよう」と負荷をかけてみるのがいいと思います。なぜなら、テストの制限時間の後で、考える時間は長く取るからです。

テストが終わったら、解説はせず答えだけを言います。「1番は、Aが正解だよ」と、ただ答えだけを教えていきます。

ステップ3：「できなかった問題を、自分で調べて、先生に説明してください」と指示を出す

次に、できなかった問題を自分で考えさせます。「参考書を使ってもいいし、ネットを使ってもいいよ」と言います。このとき、問題の解説はしません。その代わりに、どのように調べてもらうか、どうすればできるようになるかは、ヒントを出してあげてもいいと思います。

たとえば英文法の問題なら「あの参考書を読めばわかると思うよ」と指示を出すのもいいでしょう。あらかじめ資料を用意しておいて、「これを読めばわかるよ」と伝えるのもいいでしょう。

とにかく、なぜそれが正解なのか、なぜ他の答えではダメなのか、自分でしっかりと「説明できるレベル」になってもらうのです。具体的な勉強は教えず、自分で考えてもらうのがポイントです

そして、「できた人から、先生のところに来て、説明してみてください」と指示を出します。

ステップ4：できてなかったら「やり直し」と言ってヒントを出す

説明をしてもらう中で、もし説明があやふやな部分や、理解が不十分な場合は、厳し

いようですが容赦《ようしゃ》なく「やり直し」にします。その際に、「参考書の何ページを見るといいよ」とヒントを出すのもいいでしょう。

この際に、「どうして解けなかったと思う？」と聞くのもいいと思います。間違って覚えていた知識がどこだったのか、何が足りていなかったのか、という「現状と理想のギャップ」も語れるような質問をするのです。先程の「乗り換え案内」の要領です。

ステップ5：できた子は次の問題に進んでもらいつつ、教える側に巻き込む

ステップ4でしっかり難しい問題も解けるようになった子には、次の問題を出題して、同じことをやってもらいます。その際におすすめなのが、できる子は教える側に巻き込んでしまうという手法です。

たとえばAくんがきちんと説明できたけどBくんはできていない場合に、先生がBくんに教えるということは一切しません。ヒントを出すだけで留めましょう。しかし、「Bくん、Aくんがうまくできていたから、教えてもらったらいいと思うよ」と、Aくんを

巻き込むのです。「生徒同士が教え合う」ことには大きな学習効果があり、Bくんの頭が良くなるだけでなく、Aくんもさらに頭が良くなる場合が多いのです。

ステップ6：最後は、同じようなテストを出題する

時間が来たら、最初と同じようなテストを出題しましょう。「この問題が解けたら、できるようになっているということだよ」と言ってテストを出すのです。ここで最後の問題が解けていた生徒は自分で成績を上げられたということになります。

いかがでしょうか？

この手法なら、一切先生が教えなくても、生徒たちがどんどんできるようになっていく1時間を構築できます。「生徒が、先生に教わらなくても自分で成績を上げられた」という経験をするのが大事です。こうすれば、家に帰ってからの自学自習でも同じように勉強することができ、「教わってなくても自分で自走できるようになる」のです。

そしてこの手法は、いろんな形で応用ができます。たとえば単純な英単語のテストであっても同じようなことができます。まず最初に100個の英単語テストを出して、そこからは自習してもらい、「100点取れるようになったら、挑戦しに来てください」と指示を出します。そしてきちんと勉強して100個の単語を覚えられる状態になったら、また次の100個の勉強をしてもらう、などの使い方ができるんですよね。

また、クラス単位の勉強であれば、同じ問題を解いてもらわなくてもいい場合があります。いくつかのレベルの問題を用意して、「得意な子はAレベルテストを、苦手な子はBかCのレベルのテストを解くといいよ」と指示を出すのです。自分で選択して問題を解くようになると、自分の勉強を自分で構築する思考力が身につくようになります。

このように、勉強を手取り足取り教えなくても、むしろその方が生徒は勝手に成長します。むしろこのときに、教え込んで「こうやってやればいいんだよ」と言ってしまうと、生徒はまた、手のひらを上にして、先生から教わるのが当たり前になって自分で伸びられなくなってしまいます。

もちろん、「先生、どうしてもわかりません。参考書を読んでも、話を聞いてもわかりませんでした！」と言ってくる生徒がいたら、そのときは詳しく教えてあげてもいいと思います。でもそのときに必要なのは、いきなり「そうか、じゃあ教えてあげよう」とは言わず、一度、「そうか。じゃあ、どうすればいいと思う？」と自分で考えてもらうことです。そこで、「やっぱり、ここの部分が理解できないから難しいので、先生ここだけでも教えてもらえませんか？」と、わかるところとわからないところを自分で認識し、「本当にわからないところを教えてほしい」と言い出すようになった後で教えてあげるようにしましょう。自分から言い出すのと、先生から「やってあげよう」というのとでは大きな違いがあるのです。

第4章

「教えないで伸ばす」ために必要なスタンス

さて、第3章では具体的に「どのような手法で、教えないで成績を上げるのか」についてお話しさせていただきました。

これでもう、「どうすれば教えずに成績が上げられるのか」という理論に関してはご理解いただけたと思います。

でも、理論が理解できても、それを実践していくときにはいろんな障害があるものです。たとえば、コーチングメソッドを実践するにあたっては、先生と生徒のコミュニケーションがとても大事になってきます。

1つの言い方を間違えてしまうだけで、生徒が自分から問題を解こうとする意識を削《そ》いでしまう可能性すらあるのです。

本章では、実際に生徒をコーチングしていくときの、コミュニケーションの取り方についてお話ししたいと思います。

東大生の親はどう勉強をさせているのか？

まずは、指導する側の根本的なスタンスをお教えしましょう。

今回、この本を執筆するにあたり、よく参考にしたのが「東大生の親御さん」の子供に対する接し方でした。

東大に合格するような子を育てる親御さんは、どんな風に子供に勉強させていたのでしょうか。多くの家庭にアンケートを取って、調べてみました。

意外なことに、東大生の親御さんでも、自分で勉強を教えるという家庭は少数派でした。「親から勉強を教わったことは一度もない」「親から勉強しろと言われたことはない」という生徒がとても多いのです。

「じゃあなんで東大生は、最初から自分から勉強するような習慣が付いていたの？」「やっぱり生まれつき？」と思うかもしれませんが、そこはやはり、流石は「東大生の親」

と納得のテクニックがあるのです。教えないけれど、一緒に成績を上げるような手法を展開していたのです。

それは、「一緒に勉強すること」です。

一例を挙げると、「毎朝1問ずつ苦手科目の過去問をコピーして親と一緒に解いた」という家庭がありました。親御さんが教えるのではなく、親御さんも一緒に解いていたのです。そうして、できなかったところは見せ合うなどしていたそうです。

同じように、特定の問題でつまずいているときには、「どの問題？　これか。どうやって解くんだろうね？　一緒に考えてみよう！」と言って、答えを知っていたとしても教えず、一緒に考えてあげていたのです。

ここで、親御さんが答えを見て、「こういう風にやるみたいだよ」と言ってしまうのはNGです。答えがわかっている状態で、「こう解くのよ」と言われても、「いや、そもそもなんでその発想ができるのか、と悩んでいるのに」と思われてしまいます。

それに「できなくても、親が答えを教えてくれる」という感覚になって、自立できなくなっていってしまいます。だからこそ、「一緒に悩む」という姿勢を持って子供と向き合って、子供と一緒に遊んでいるかのような感覚で勉強することが大事なんです。

上から目線で「こうしなさい」とは言わないようにして、子供を導く。これが東大生の親の手法なのです。

また、勉強は教えないけれど、「考えさせる」ように心がけているという話もよく聞きます。

「この花の名前って『ヘビイチゴ』って言うんだよ」などと、知識を教えようとはしません。

その代わりに、「この花の名前って『ヘビイチゴ』って言うんだけど、蛇と苺《いちご》なんて不思議だよね。何でヘビイチゴって言うんだと思う?」と、答えを話すのではなく、名前の由来や理由を質問し、自分で考えてもらうようにするのです。

一方的に何かを教えられるのと、質問をされてそれを自分で考えるのには、大きな差があります。子供は、質問に対して「どうしてだろう?」と自分で考えるようになるからです。単純に「ヘビが出るような湿気の多い場所に育つからヘビイチゴと言うんだ!」と理由もセットになっていれば覚えやすいですし、さらにこのプロセスが子供にとって習慣化すれば、普段からものを考える習慣がつきます。そして親御さんが質問していないときにも、子供は花を見て、「ああ、そう言えばヘビイチゴと同じように、この花の名前にも意味があるのかもしれない」と普段から頭を使って考えるようになるかもしれません。

これこそ、教えなくても勝手に学ぶようになるということだと思います。

質問することで主体性を持たせる

この本ではずっと、「教えない」ことをテーマにしていろんな手法を紹介させていただいておりますが、いまのような「質問する」ことは「教える」こととは違います。指導しているときに、「こうした方がいいよ」と答えを与えるのではなく、この親御さんたちのように「なんでこうしたの？」「これでうまくいくのかな？」と、ただ質問するスタンスを持っておくことは、自主性を育む上でプラスになるのでどんどんやってほしいのです。

また、こんな話もあります。東大生の親御さんは、子供に「○○させる」という言い方をあまりしないのです。「勉強させる」とか「片付けさせる」と極力言わないように心がけている家庭が多いんです。

なぜかというと、「○○させる」というのは、上の人が下の人に何かを命令してやらせるニュアンスを含んでいるからです。この言葉は、子供の自立を阻害することになってしまいます。

誰かの命令を聞いてやっているうちは、自分で考えて行動することになりませんよね。だから、極力「親が言ったから子供がそういう行動をする」状態を作らないようにしているのです。

「え、でもそれだったら、子供のことを叱れないんじゃないの？」と思うかもしれません。

よくあるシチュエーションとして、子供が勉強していないときに、「勉強しなさい！」と怒る親御さんは多いと思います。

「つべこべ言わずに、勉強しなさい！　口答えしない！」と叱ってしまい、子供が「なんだよ！」と反抗して、どんどん勉強しなくなってしまう……と。経験のある方も少なくないのではないでしょうか。でも、これではいけませんね。

では東大生の親御さんは、「勉強しなさい！」と言わないで、どんな風に指導しているのでしょうか？

正解は、先ほどと同じく、「質問」です。

勉強していない子供を見たら、「ねえ、どうして勉強しないの？」と問うのです。「勉強しなさい」と押しつけるのではなく、ただ勉強をしない理由を質問するのです。

正直、この質問に対してきちんと答えられる子供は少ないでしょう。ただなんとなく、

「なんか、勉強したくないなぁ」と思って、遊んでいる場合が多いでしょう。

しかし質問されて、改めて勉強について考えていると、「あれ、聞かれて初めて気づいたけど、あの宿題やってないな」「そういえば、あの勉強やろうと思ってた」と、自分で「やるべきこと」がわかり、動きだすきっかけになるのです。

もし子供が「こういう理由で、今自分は勉強しないんだよ」と反論したとしましょう。もしその理由が稚拙《ちせつ》なものであれば、親御さんはもっと質問していくことでその理由を崩すことができます。「でもそれってこうじゃないの?」と、質問を繰り返していくことで、「まあ、たしかに親の言うことも一理あるな……」と考えるようになります。

仮にその理由が真っ当なもので、「なるほど」と親御さんが感じられるようなものだったのであれば、「そうなんだ、わかった! 聞いてごめんね!」としっかりと受け入れるのも重要なことだと思います。

ここでやってはいけないのは、「どうして勉強しないの!」と、質問を装った叱り方をしてしまうことです。なぜなら子供がプレッシャーを感じてしまうからです。そうなると子供は萎縮して、親御さんがそんな気はなかったとしても、「勉強しなさい」と言われているのと同義に捉えてしまうからです。先ほど述べた通り、勉強を強制することは良くありませんよね。

大人として扱えば勝手に成長する

進路決めでも同じように、東大生の親御さんは子供に質問をすることが多かったそうです。

たとえば、「こういう進路に行きたい」と子供が話したとして、「こっちの方がいいんじゃない?」「こうした方がいいよ!」とは言わないのです。ただ、「なんでその進路に進もうと思ったの?」ということだけを、とにかく繰り返し質問して、より具体的な話に持っていくのです。

この場合のよくある失敗例として、子供が親に進路を相談するとき、子供は親からどんなフィードバックを受けたとしても、否定されたような感覚になってしまうことがあります。

子供が「○○大学を志望したいんだけど」と相談したとして、親としてはその子の将来を心配して、「本当にそこでいいの?」「合格できるかどうかはどれくらいの確率なの?」「その大学に行って、将来はどういう道に進もうと思っているの?」と聞きたくなるかもしれません。気持ちはよくわかります。

しかしそのときに、子供はその質問の全てが、「否定」に聞こえてしまうのです。親としてはただ確認しているつもりでも、子供からすると「その進路じゃダメだ」と言われているように感じられてしまうことが往々にしてあります。

そうならないようにするための聞き方があります。とにかく「どうして本人がそう思ったのか」を深掘りしていくのです。もし、子供の考えが甘かったとしても、それを指摘する必要はありません。

聞かれる側からすると、「どうしてそこに行きたいのか」という質問に対する答えを考えているうちに、「あれ? そういえばなんでだろう?」と、内省することができます。

子供が自分で気づけるように、ただ質問することだけを繰り返し、否定にならないようにする。これが非常に重要な観点なのだと思います。

さて、これらの話でわかることは、東大生の親御さんは、子供のことを尊重する育て方をしているということです。

子供のことを、大人と同様に扱って、子供扱いをあまりしない。

相手に質問して、相手の意見を聞き、相手と同じ立場に立って考えるスタンスを取ることで、子供に自立を促す。まさに、「教えないけれど子供が勝手に育つ」ということが体現されていると思います。

ちなみに、「○○させる」という言葉が良くないのは、教育学的にも証明されている話です。

これは笑い話ですが、「教育」という言葉は教育効果が非常に低いことがわかっています。授業で先生が「今から君たちに教育します」という言葉を言うと、生徒のやる気が著《いちじる》しく下がるのだそうです。

たとえ同じことを伝えたとしても、教育とは言わず、たとえば「今から君たちに紹介します」「情報をシェアします」という言葉を使って、同じ立場から話しているというポジションを取った方が、生徒は先生の話を聞くようになるのです。

この話からもわかると思うのですが、東大生の親御さんの優れているところは「子供を自立させる育て方をしている」ことです。

何かを「やらせる」のではなく、「自発的に何かをする」ように指導する必要があり、そのためには、上から目線の言葉ではなく、同じ立場でものを考える習慣が必要です。その手段として「質問」はとても有効であり、うまく質問することで、本人に「自分の頭で考えてもらう」ことができるようになるわけですね。

質問を分解すると発見がある

さて、この「質問」の仕方について、もう1つ重要になってくるポイントがあります。それは、相手の話を分解するように心がけるということです。

ちょっと脱線しますが、僕は学生から質問を受ける機会が多いです。で、質問の内容を詳しく聞いていると、それだけで「ああ、この子は頭いいだろうな」「この子はまだまだ勉強をしてきていないんだろうな」と、その学生の学力が大体わかってしまうんですよね。

たとえば「英語ができません」とか「数学の勉強ってどうすればいいですか？」というように漠然とした質問をしてくる人は大抵、まだそこまで深く勉強できていません。

逆に、「英単語を覚えるときに、複数の意味のある単語を覚えられないんです」「リスニングのときに毎回聞き取るスピードが遅くて困っているんです」など、具体的に細分化された、分解された悩みを教えてくれる人であれば、ちゃんと勉強を頑張っていることが多いのです。

　なぜそんなことがわかるのか。それは、悩みが分解されているということは、自分の中で考えている証拠だからです。

「分解」と聞いてもあまりよくわからないかもしれませんが、違う言葉でご説明すると「細分化」「具体化」と言い換えられます。

　頭のいい人は、勉強の目標や悩み、弱点を「分解」して考える能力が高いのです。たとえば先ほどの例で、「自分は英語ができない」と悩んでいる人を想定しましょう。

　そのときに僕は必ずこう質問し返すようにしています。


「英語の何ができないの？」


と。

　そうすると、多くの学生がそこまで詳しくは答えられません。なんとなくできなくて、何ができていないのか答えられない……そういう人をよく見てきました。

逆にここで、「英単語を覚えるのが遅いんです」とか「リスニングの問題でいつも間違ってしまっています」とか、自分の悩みを具体的に、かつ細分化して答えられる生徒は、必ずと言っていいほど、その後の成績が向上しています。

なぜなら、問題を分解できたら、解決策も分解できるからです。

たとえば英語の勉強につまずいて「なぜ自分は英語ができないんだろう」と考えたとします。この問いを考えるためには、「英語の中でも、何ができていないんだろうか？英単語？　英文法？」と分解していく必要があります。細分化ができて「英単語ができていないんだな」とわかったら、「じゃあなんで英単語ができていないんだろう？　または、どんな英単語が覚えられていないんだろう？」とさらに考えていきます。考えるという過程は、このように分解することなのです。

そして、分解がうまくいけば、「ああ、自分は一回覚えた単語を復習する時間が取れていなかったから、英語が伸び悩んでいたんだな」とわかるようになります。ちなみに、「わかる」とは漢字にすると「分かる」と書きますが、これは分解の「分」ですよね。

「問題をきちんと述べられれば、半分は解決したようなものだ」というのはとあるアメリカの発明家の言葉ですが、まさにその通りで、分解できれば大抵のことは解決するのです。

分解されている悩みは、解決策もわかりやすいです。

「英語ができない」などと、問題が漠然としているときは、解決の糸口を見つけるのは困難ですよね。問題がぼんやりしていたら、無理に解決策を見つけ出そうとしてもぼんやりした答えしか出てきません。しかし問題を分解して、「英語の中でも英単語を覚えるスピードが遅い」というように問題が具体化されれば、「なら英単語の暗記のスピードが上がる方法を考えよう」などと、解決策も具体化できるのです。

教育する側の立場からすると、「英語ってどうすればいいですか?」という質問って、答えられないんですよね。その人が本当に困っていることが何なのかわからないから、どんな回答を提示しても意味がないわけです。逆に言うと、分解できていないことを質問する状態の人は、まだまだこれからの伸びしろがある状態だとも言えます。

そして自ら悩みを分解して質問をしてくるような人は、正直、自分で答えを出すことができる場合も多いので、僕なんかは「自分としてはどう思ってるの?」と聞いてしまいます。そうすると大体「自分はこう思っててー」と答えが出てくるので、「それでいいと思うよ」と背中を押してあげれば大体の悩みは解決してしまいます。

この話から理解してもらいたいのは、「分解を手伝うと、自分で答えを出しやすい」ということです。だから、相手に質問するときに、悩みの分解を手伝うような質問をすると、教えずに相手が学んでくれるのです。

目標も分解するとやることが具体的になってくる

また、相手の悩みや質問を分解するだけでなく、相手の目標も分解してあげるとうまくいく場合があります。第3章でお話しした、「いい点って具体的に何点のことなの?」というやつですね。

「努力が報われない!」とか「頑張ってもなかなか知識を吸収できない!」と悩んでい

る人は多いと思いますが、大抵の場合「ゴールの分解不足」が原因になっている場合が多いです。

大人にもあてはまる例を出すと、何冊も本を読んでいるのにもかかわらず、なかなかその知識が身についたような気がしない……といった悩みは割と多くの人が抱えていると思います。

それは、本を読む目的が明確化されていないことが原因なのです。

「どうして自分はその本を読むのか？」という目的が明確になっていないから、本から得るべき知識を吸収しないままに本を読み進めてしまい、最終的に何も残らなくなってしまうのです。重要なのは、きちんとその本を読む目的や、その勉強をする目的を分解することです。「このために、こんなことをする」が明確になるように、「なんのためにそれをやるの？」と聞いて、目的・目標を分解してあげる必要があるのです。

たとえば、東大生は模擬試験で毎回、各科目・各大問の目標点数を1桁レベルで明確に設定しています。

「英語の2Aの問題は自由英作文で12点の配点だから、7点獲得できればいいはずだ。これにかけられる時間は12分程度なので、12分で7点取れるようにこの範囲の訓練をしておかなければならない」

と、全ての大問・全ての問題で、このレベルの細かさで目的明確化を実践しています。

目標の分解も、現状や悩みの分解に劣らず重要なのです。

成績を上げる、という話に戻しますと、生徒からの質問に対しては「英語の中だと何が苦手?」と苦手分野を聞いたり、「この問題、どこまでは理解できて、どこから理解できない?」と理解できている範囲を聞いてみたりしましょう。

将来の目標や目的に対しては、「将来、何か商品を作って売りたいと言っているけど、どんな商品が作りたいの?」「その本を読んで、どんな知識を得たいから、どんな自分になりたいから読んでいるの?」と具体的に聞くことや、「次のテストの、どの問題を意識してその勉強をしているの?」と、第3章でもお話しした目標設定を意識した質問が効果的です。

とにかく、現状への悩みにしても将来の目標にしても、分解を促進するような働きかけをすると、相手が自ら主体的に学んでくれるようになるのです。

教えないと勉強しない生徒にはどうすればいいか？

さて、ここまでかなりいろいろな話をして参りましたが、みなさんの中には、こんな風に感じる人もいるかもしれません。


「でも、自分で考えるのが苦手な子もいるじゃないか」

「答えを教えてあげないと前に進めない子だっている。教えないで生徒が自分で走れるのはとても重要だとは思うが、それだけではうまくいかないんじゃないか」

と。

そして、それは間違っていないと思います。多分、僕がお話ししている「教えない」方法論を実践すると、最初はうまくいかない場合が多いかもしれません。全員が全員、すぐに自立して自分で考えられるようになるわけではないからです。「これ、教えないとできないんじゃないか？」と思う場合も多いかもしれません。

しかし、それでも長期的には「教えない」方が子供は成長しやすい、という考えをここまでずっとお話しして参りました。そしてもう一つ、「教えない方がいい」と僕が考える理由があります。

それは、「子供たちが自立できない」と考えている大人が多ければ多いほど、実際に子供たちも自立できなくなってしまうということです。

当たり前ですが、子供扱いを続ければ、子供は子供のままになってしまいます。「自分の言うことを聞いていればいいんだ」と指導する大人が多いと、「ああ、そうなんですね。じゃあ自分で考えずに、言うことを聞きます」と素直に受け入れてしまい、自分で考えることをしなくなってしまいます。

教えなくても、子供は自立できる。

そう信じてあげないと、子供は自立しないのです。


僕はいろんな親御さんとお話しする機会がありますが、親御さんの中には、僕の話を聞いて、こんな風におっしゃる場合があります。

「うちの子には、まだ『○○しなさい』と言わないと、自分では気づけないんです」と。

それはもしかしたら正しいのかもしれません。間違っていないのかもしれないでしょう。でも、逆説的ですが、親御さんがそう言っているうちは、子供たちは本当に気づけないんだと思います。子供は、大人が「この子は『ここまで』は成長するだろう」と考えたライン以上には育たないと言われています。大人が可能性を信じないと、子供はその可能性以上にはなれないのです。

そして、その制約を超えて子供たちに成長してもらうためには、大人としてやらなければならないことがあります。それは、「挑戦させる」ということです。

もしかしたら最初は、子供に任せているとうまくいかないかもしれません。「こういう風にしなさい」と言わなかった結果、実際にうまくいかずに失敗してしまうこともあるかもしれないでしょう。

でも、失敗したということは、「学んだ」ということと同義だと僕は思うのです。

発明家のトーマス・エジソンは、こんな言葉を残しています。

「失敗したのではない。うまくいかない方法をみつけることに成功したのだ」

つまり、短期的に失敗して、うまくいかなかったとしても、それは長期的には学びにつながるのです。「ああ、自分はこのポイントがうまくいかなかったんだな」「じゃあ、もっとこんな風にやらなければ」と、その知見を次に活かすことができるようになるのです。

第3章で、「テストは自分のできないところを見つけるためのもので、満点を取ると意味がないとさえ言える」とお話ししましたよね。そして間違いや失敗を活かすために、怖いかもしれないけれど、自己分析をしなければならないのです。そうしないと、失敗はただネガティブなままに終わってしまいますから。

大人が、「こうすると失敗してしまうから、口出しをして失敗させないようにしよう」とコントロールするのは、「テストを受けるな」と言っているのと同じだと僕は思います。挑戦して、うまくいかないかもしれませんが、それでいいのです。むしろそうしないと、人間は学べません。

子供には危険なことこそ体験させるべき⁉

僕は「失敗を伴わない学びは脆《もろ》い」と思っています。たとえば、「火で遊んじゃいけないよ」と言われても、火がどれだけ恐ろしいものかわからず、火傷《やけど》も何もしたことがない、という子は、「火で遊んじゃいけない」と、実感を伴わずにただ知識としてだけ、表面上だけ知っていることになってしまいます。どうして火で遊んではいけないのか、火で失敗したことがある人の方が、よく理解できるのです。もし将来、火を扱う仕事をすることになったとき、火の恐ろしさを実際に体験したことのある人と知識だけで知っている人では、動きが全く違ってくることでしょう。

『子どもが体験するべき50の危険なこと』（タリー・ゲイバー、シュピーグラー・ジュリー著、金井哲夫訳、オライリー・ジャパン）という本がアメリカでベストセラーになりました。僕はこの本のように、大変なことにつながりかねない危険なことはむしろ積極的に体験させ、失敗させた方がいいと思うのです。

それが、今の世の中ではどんどん、「危険から遠ざける」教育が行われてしまっています。第1章でお話しした通り、少子高齢化で子供に対しての大人の数が多くなっている時代が現代です。子供が失敗しないように、優しく教えてくれる大人が多く、逆にそれによって、子供たちは「失敗」という貴重な学びの機会を奪われているのではないでしょうか。

時には荒療治的に、失敗してもらうことも重要なのです。

世の中には、「大きな失敗」と「小さな失敗」があります。目の前のことや今日一日の失敗は、小さな失敗です。「全然勉強していないと、次のテストで悪い点数になるぞ！」と教えるのは、次のテストでの小さな失敗を指導することでしかありません。

でも、小さな失敗を恐れすぎると、実は大きな失敗につながってしまうのです。「全然勉強していないと、次のテストで悪い点数になるぞ！」と言い続けていると、「言われたら勉強する」という習慣がついてしまいます。「手のひらが上」の状態ですね。

こうなると、自分で勉強する習慣がなくなり、本当に大事な試験で結果が出せなくなってしまったり、長期的に見ると、人に言われないと何もできず、自分ではものごとを考えられなくなったりしてしまいます。これこそ、「大きな失敗」です。

たとえその子のためを思って言ったアドバイスだとしても、実はそれが、長期的にはその子のためになっていない、ということはよくある話です。

「教える」とは、小さな失敗を回避するために、その子のためを思って行うものです。でも、教育のゴールを考えるのであれば、小さな失敗はむしろさせた方が健全で、その方が大きな失敗を回避することができるのです。だからこそ、「教えない」という選択もまた、重要だと言えるのです。

ここまでお付き合いいただいたみなさんにはぜひ、「一見避けるべきと思えることに、あえて挑戦させる」ことを、生徒やお子さんにさせてほしいと思います。失敗するかもしれませんし、最初はうまくいかない可能性の方が高いですが、それでも思い切って、経験を見守ってあげることが先々のためになるのです。

第5章

受験や資格試験に使える、具体的な「教えない技術」

第4章では、どのように具体的に生徒と向き合えばいいのかについてお話しして参りました。

この第5章では、具体的に受験や資格試験といった、結果を出さなければいけないタイミングを想定して、成績を上げるためにどのように指導すればいいのかについてお話ししたいと思います。

結論から言うと、期限の決まった試験に際して「教えない技術」で成績を上げるためにおすすめの方法は2つあります。この2つについて、実践編として本章で検討していきましょう。

方法1 とにかく過去問を解いてもらう

第3章でもお話ししましたが、まず点数を意識してもらうことはとても大事なことです。

「あと10点で合格点か。ということは、この問題で点数が取れるようになったら、それくらいの点数になるはずだ。よし、この問題が解けるように必要な分野を勉強しよう」と、目標と現状分析が紐づいて、具体的に次にやるべきことが明確になるからです。

だからこそ資格試験や入学試験では「過去問」を解いてもらう指導が有効だと思います。それも、できるだけ早期に過去問を解いてもらうのがおすすめです。

おそらく多くの人は、早く過去問を解くことに対して違和感を持つと思います。「今の段階だったら解けないから、挑戦したくない」と。

しかし、それは間違いです。

理由は2つあります。1つ目はここまで見てきたように、現状認識のための最良の手段がテストなので、なるべく早い段階で過去問に挑戦することで、自らの現在の実力もわかるようになるからです。

そして、もう1つの理由も大事です。問題形式や時間の感覚などを理解するには、実際の過去問を解く以外に方法がないからです。

たとえば水泳を思い浮かべてください。みなさんが泳げる人なら、どんな風に泳げるようになったか覚えていますか？　おそらく、陸の上で、「こういう泳ぎ方があるのか！」「こんな風に手と足を動かせば泳げるようになるんだな」と理解したから泳げるようになったという人は、まずいないでしょう。「どう泳げばいいか」が理解できたとしても、本当に水に入ってみたら、感覚が全く違ったりして泳げない、ということはよくある話だと思います。

陸の上で泳ぎの練習をしているうちは、水中で泳げるようにはならないのです。泳げるようになるためには、水に入ってみることが一番です。泳げるかどうかなんて関係なくて、まずは水の中に飛び込んでみる。そして溺れそうになりながらも、犬かきでいいから前に進んでいく中で、「なるほど、水の中ってこんな感じなのか」と実体験に基づいた知識を得ることができ、泳ぎをマスターできるようになっていくのです。

こうして一度水に入っておけば、泳ぎ方のレッスンや身体の動かし方を学んでも、「あ、あのときはこうすればよかったのか」と、陸上でただ話を聞くよりよくわかるようになると思います。最終的にどういう状態になりたいか、つまりゴールがわかっているから、普段の練習の質も必ず高くなるのです。

過去問もこれと同じです。過去問を解かずに「とりあえず英語の勉強をしよう」「国語の勉強をしよう」と構えてしまうのは、陸の上で泳ぎ方のフォームを学んでいるのと同じなのです。

とにかく問題を解いてみて、うちのめされて、自信をなくしてもいいから、一度挑戦してみるのです。一度は溺れてしまった方が、泳げるようになるのも早いはずです。どんなに難しくても、とりあえず一度挑戦して、「こういう問題が出るんだな。来年にはこれができるようになっていないといけないんだな」「こんな問題ができるようになったら、点数が取れるんだな。じゃあこういうことを意識しよう」と、問題形式や問題の感覚を学ぶのです。そうしておけば、その後の勉強の質も上がります。

英語の勉強で考えてみましょう。多くの人は英語の試験を受けるとき、まず「英単語の勉強」をすることと思います。でもこの「英単語を覚える」という勉強、一見シンプルでも、試験によって勉強の仕方が大きく変わってくるのです。

みなさんは、英単語の勉強に種類がある、なんて考えたことがありますか？「単語帳を見るだけじゃないか」と思う人もいるかもしれません。

しかし、試験の形式や傾向によって、スペルを覚えるのが効果的なのか、類義語や対義語はどこまで覚えておくといいのか、意味だけでなく品詞の種類も覚えるべきなのかなど、ちょうどいいやり方は全く変わってきます。ライティングがある試験であれば必ずスペルを覚える必要がありますが、選択肢を問う問題しかない試験だったら、一生懸命スペルを覚えたところであんまり意味がないですよね。

品詞も同じです。この単語は名詞なのか、動詞なのか、形容詞なのか、動詞と名詞の2つがあるなら、動詞の場合はどんな意味で名詞の場合はどんな意味なのかを意識しながら覚えている人は少ないでしょう。大概の場合はそれでいいのですが、試験によってはこの部分を問われることもあります。「これは動詞なのか名詞なのか答えなさい」とか「これは名詞ですが、この名詞の動詞形を答えなさい」という問題が出題されることもあるのです。

類義語や対義語を覚える必要があるかどうかも同じです。試験によっては「この単語と同じ意味の言葉を答えなさい」といった問題が出題される場合もありますし、まったくそんな問題が出題されないことだってあります。

「英単語を覚える」ことだけでも、これだけ、試験に合わせたカスタマイズが必要になってくるわけです。そして、あなたが受ける試験の特徴は、単語帳ではなく過去問からしか知ることができません。

僕は「この勉強、一体どんなやり方が正解なんですか？」とよく聞かれるのですが、それに対する返答はいつも「受ける試験によって変わる」です。それ以上はケースバイケースで、教育に携わる人間であっても、実際に試験を知るまでなんとも言えないのです。

つまり、実際に試験を受けるにあたっては、過去問を一度解いて、自分で「こういう勉強が求められるんだな」と考えながら逆算して必要な勉強をこなさないといけないわけで、生徒が自分だけで目標設定できない場合は、コーチングが求められるのです。

方法2 合格戦略を考える

さて、過去問を解いてもらった後は、「合格戦略」を考えてもらいます。

たとえば、みなさんは東大生ってどういう点数の取り方をしている場合が多いと思いますか？

答えは「人それぞれ」です。唯一絶対の正解はありません。

ただし、いくつかのパターンに分けることはできます。主に次のような人たちが多いと言えるでしょう。

1科目逃げ切り型

数学や英語がとても良くできる人が、1科目で満点近い点を取り、他の科目で平均点以下の点数を取ったとしても得意科目でカバーして合格するパターン。

全科目満遍なく型

全科目で平均点を狙い、突出していい点数を取る科目もないが、苦手な科目もないようにして合格するパターン。

苦手科目潰《つぶ》し型

1科目どうしても苦手な科目があった場合に、苦手科目以外で全て、平均点を上回る点を取ることで、苦手科目の点数をカバーして合格するパターン。

いろいろな調査をして見えてきた傾向として、理系は「1科目逃げ切り型」が多く、文系は「全科目満遍なく型」が多いですが、文系も理系も「苦手科目潰し型」が一定数いるようです。

何が言いたいのかというと、東大生って全科目満遍なく勉強ができている人が多いイメージがあるかもしれませんが、実はそんなことはなくて、「英語は全然できない」とか「国語はどうしても苦手だったけどその分数学を頑張った」とか、そんな人も多いということです。自分の性質に合わせて、受験での合格戦略や努力の仕方を変えているから東大に合格できているのです。

ここで注目するべきは、いろんな点の取り方がありつつも、どんな東大生も「受験前にしっかり、どの科目でどう点を取るか」を考えていたということです。第4章でも東大生の「分解能力」について触れましたが、まさにそれと同じ話で、「この科目が苦手だから、こっちの科目を頑張らなきゃ！」と、自分で課題を分解して明確な数値目標を持って勉強に臨んでいるのです

一方で、受験に「弱い」人というのは、「自分がどの科目で何点とって合格なのか」を考えていない場合が多いです。ただがむしゃらに勉強して、過去問を解いても「自分が何点取ればいいのか」「合格最低点はどれくらいなのか」を知らないまま、調べないままで問題を解いてしまっているパターンが多いのです。

だからこそ、過去問を解いてもらった後で、しっかり目標を定めてもらうようにしましょう。全科目で満点を目指すような勉強を推奨するのではなく、「どこで」「どれくらい」点数を取るのか、明確にしていくのです。

「受験はボクシングではなく、路上の喧嘩だ」

と語るのは、我々と一緒に東大生の非認知能力について研究を行ってくださっている岡山大学の中山芳一《なかやまよしかず》准教授の言葉です。

ボクシングと喧嘩。どちらも相手を打ち倒す点では同じものですが、この2つには大きな違いがあります。

ラウンド制や審判制など、ルールがある戦いがボクシングで、ルールがなくて「なんでもやっていい」のが喧嘩です。

東大生をはじめ、受験で合格できる人は、受験をルール無用の「路上の喧嘩」だと思っている場合が多いです。

もちろんカンニングだとか、禁止されていることをやってはいけませんが、それ以外だったらどうやって点を取るのが合理的か、どう攻略するかを常に考え続けているのです。

一例を出すと、僕の知っている東大生の中には「東大の英作文の問題は、例文の丸暗記で攻略できるんだ」と語っている人がいました。「自由に作文していい問題なので、回答に使えそうな文章を暗記していけば解ける」「たとえば、環境問題についての例文を覚えておけば、『あなたが今まで学んだことの中で一番重要だと思うことはなんだと思いますか?』という問題が出ても「環境問題です!」と答えられるし、『あなたが一日日本に祝日を作るとしたらどんな日にしますか?』と聞かれたら「環境について考える日にします!」と答えられる。つまり、使えそうな例文を暗記しておけば英作文で満点が取れるんだ」とのこと。

また、「東大の英語の問題は、この分野の配点が低いから、別の問題で点を稼ぎました」とか「センター試験のこの科目ではなかなか点数が取れなかったので、直前に点数が稼げる科目に受験科目を変えました」とか、そんな風に考える人もいます。「真面目に勉強すればいい」で思考停止せず、常に何をどう勉強するのがいいかを考え直しながら勉強している人が多いのです。上品に合格しなければならないと考えず、むしろどのように合格ラインに滑り込むのかを考えられるようにするのが、実際の試験に合格するための近道と言えましょう。

このように、「不真面目な」対策を考えていく中で、生徒本人は自立し、誰かから教えられなくても自分で戦っていけるのだと思います。

さて、もう1つ「合格戦略」を立てる上で重要なのが、情報収集です。

先ほどもお話ししましたが、合格最低点が何点くらいなのか、合格者の平均点がどれくらいで、どの科目でどれくらい点数を取っている人が多いのかを、自分で調べているような生徒は合格しやすいです。

逆に、受験直前になってもこうしたことをわかっていない人は不合格になりやすいです。

その一例ですが、東大生は必ずと言っていいほど、東大生の合格体験記を読み込んで合格しています。どんな風に点数を取って東大に受かった人が多いのか、自分と同じようなシチュエーションから合格した人はいないか、自分と得意科目や苦手科目が同じ人はどんな戦略で合格しているのか、しっかりと調べている場合が非常に多いのです。頭がいい人ほど、先人の知恵を借りようとするのです。まさに「温故知新」ですね。

僕の受験指導の経験上も、自分から合格体験記を調べようとするような姿勢がある人なら、合格しやすいのではないかと思います。そういう生徒になってもらえるように、合格戦略を自ら考えたくなるコミュニケーションをしていきましょう。

その方法は、難しく捉えなくても、第3章でお話しした「質問」をしていけばいいでしょう。

たとえば次のようなものです。

「君は、『1科目逃げ切り型』『全科目満遍なく型』『苦手科目潰し型』のうち、どれに近いと思う？」

「この科目では、どれくらいの点数を取れれば合格になるの？」

「この試験の合格最低点ってどれくらいだっけ？　公開されているデータとかってあるかな？」

と、聞いていくのです。ぜひ試してみてください。

第6章

「教えない技術」とビジネスコーチング

岩崎徹也×西岡壱誠

学生時代の「自分で学ぶ力」は社会に求められている

西岡　本日は、ビジネスコーチングの世界で活躍され、ベストセラー『部下のやる気はいらない』（日本能率協会マネジメントセンター）の著者でもいらっしゃる岩崎徹也さんに、本書で紹介した「教えない技術」、いわば教育コーチングとの共通点や差異についてお聞きしたいと思います。
早速ですが、本書を読んでみてどうでしたか？

岩崎　そうですね、勉強における「教えない技術」は、かなりビジネスの現場で求められているコーチング技術に通じる部分が多かったように感じます。
技術の進歩によって世の中が目まぐるしく変化し続ける現代において、多くの企業は「答えがない状態」を経験しています。今まで「こう売れば商品が売れる」というような正解があり、その正解をいかに個人がインストールするかが求められていました。でも、その正解が今は崩れているんです。どの企業も新しく学び、新しい売り方に挑戦しなければならない時代が来ていると思います。

西岡　なるほど。技術の発展によって、答えがない時代に突入しているのですね。

岩崎　そんな時代において必要なのは、答えを教えてもらうことではなく、自分で新しい答えを作ったり、模索したり、足掻《あが》いたりすることです。「教えてもらったからできる」という時代はもう終わりを迎えているのではないかと感じます。

西岡　でも、その時代の流れと、今の少子高齢化の中で、言われたことをやる若者が増えている状況は、かなりアンマッチングな気がしますね。

岩崎　そうですね。私も、本書で述べられた「少子高齢化は大人目線だ」という話はとても納得しました。「ティーチングからコーチングへ」とも言われているように、現代は「教えて人を伸ばす」ということが時代遅れな感覚があります。しかし、それが社会全体の共通認識になってはいないようです。

最近、大手企業のマネージャーさんと話をしたのですが、その人は「若手の社員たちに教える時間を満足に取ることができておらず、そのせいで現場レベルでうまくいかないことが増えている」と悩んでいたんですね。

西岡　ああ、「教えられていないから、うまくいかない」と考えているんですね。

岩崎　そう、そこが問題なんですよ。そもそも、「教えればできる」と思っていることが間違っているんです。「教えなければできない」とマネージャーは考えているし、社員サイドも「教えてもらっていないことはできない」と考えている。しかし西岡さんも言っていましたが、教えなくても人は育つんです。この前提に立てていないことが、ビジネスの現場の一番の問題ではないでしょうか。

西岡　そうですね……。よく「ホウレンソウ」って言うじゃないですか、報告・連絡・相談が社会では大事だよ、っていうやつ。もちろん情報共有が大事だというのはわかるんですけど、どうにもこれに違和感があるんですよね。社会人のゴールは、報告・連絡・相談をしなくても、自分で判断して決定できる人なのではないかと思うんです。「きっとこの選択が正しいはずだ」とその場で決めることができる、自己決定できる人材が求められるのではないかと。

岩崎　なるほど。確かにおっしゃることもわかります。あえて「ホウレンソウは大事だ」という逆の立場からの質問をすると、たとえば社長や上長の言うことと、自分の考えがずれているかもしれないから、擦り合わせないと問題が起こるかもしれない、というのが多くの人が報告・連絡・相談が重要と考える原因だと思います。その点はどうでしょうか？

西岡　会社の理念や、社長や上長の考え方を各自が頭の中にインストールできていれば、そういった問題はそもそも起こらないのではないでしょうか。その場で、「きっと社長ならこういう判断を下すだろうな」と考えて行動し、あとから「こういう風に動きましたけどいいですよね？」と確認する。で、もし「社長や上長がどう言うかわからないな」と思う案件が出てきたら、そのときは相談すればいいんです。

そうして経験を積んでいけば、社長・上長の考え方をインストールできるようになります。

岩崎　それはそうですね。逆に、全てを報告して「どうすればいいですか？」と聞いている状態というのは、不健全だし、自分で考える能力がどんどんなくなっていってしまうきっかけになるかもしれません。

もう一つ本書を読んでいて感じたのは、今の社会では、個人が成長していけるような経験の機会がどんどん失われてきているということです。

多くの企業の方が揃って言うことがあります。「今は事業環境の変化によって失敗が許されない状況になっている。ゆえに相応の体制を整えた上で仕事の分担を明確にする必要があり、過去のような幅広い経験を積ませる機会を用意することが難しい」ということです。

昔は余裕があったから、ダメ元で経験を積ませ、どんどん失敗させて失敗から学んでもらうことが可能でしたが、今はその余裕がなくなってしまっています。かつて100回の経験から学ぶことができたのに、今では2回や3回の経験からしか学ぶことができなくなっているのです。

西岡　業績とか時代の変化が、学ぶ機会の数にも影響を与えているんですね。

岩崎　だからこそ、今まで以上に「学ぶ力」が求められていると感じます。一つの経験を深く考えて他のものに応用できるような教訓を抽出することや、「その機会を通じて次回までに具体的にどう実践していくのか？」を明確にしていく経験学習の習慣が求められるようになってきています。

西岡　それには、個人が自ら「学ぼう」とする力が必要ですよね。

岩崎　そうなんです。自分から、「こういうことをしてみよう」「今度はこんなことを試してみよう」と意欲的に、そして効率的にトライしていかないといけないのです。

西岡　となると、学生時代にきちんと経験から自分で学習する習慣をつけておくことが後々の仕事にも活きてくるんですね。

岩崎　だからこそ、本書のメソッドは効果的だと思いますよ。社会人になってから「自分で学ぶこと」を覚えるのではなく、小さいときから「教わってなくても学べる」状態になることは、ある種理想的であると言えるでしょう。

教育のコーチングと仕事のコーチングでは何が違うか

岩崎　でも、ビジネスパーソンのコーチングより、年齢層が低い子供にコーチングする方が、難易度は高くはありませんか？　子供って気づけば意見が変わっていることもありますし、こちら側の常識が通用しないところもあると思います。

西岡　それは考え方の違いによるものじゃないでしょうか。子供は、大人よりも素直で感情がわかりやすい部分があります。大人だから簡単だとも限らなくて、感情が見えないビジネスパーソンをコーチングするのも大変じゃないですか？

岩崎　ああ、自分の考えをはっきり言ってくれない大人や、感情がわかりにくい大人はいますね。そうか、子供の方が感情を引き出しやすいんですね。

西岡　それに、素直ですよね。変に斜に構えていないから、こちらの話を素直に聞いてくれます。こちらが何か言ったとき、「本当ですか？　信じられません」ってテンションで聞いてくることは少なくて、だいたい「そういうものなんですね」と素直に信じてくれたりして。そういう面では、子供の方がコーチングで伸びやすい気がします。

岩崎　なるほど。モチベーションの部分はどうですか？　社会人であれば、人からの評価につながったり、給料が増えたり、業績を上げるためのモチベーションを持ちやすいですが、子供の勉強へのモチベーションはどうなんでしょう。

西岡　どうでしょうね。受験とかテストの成績向上とか、そういう短期的な目標でモチベーションの向上を図ってもらうという手法は実践しやすい気がします。
難しいのは、受験とかテストの成績を遠い未来の話として考えているタイプの生徒です。今の勉強と受験とが結びつかないことがあって、そういうときは目的意識を持ってもらうためのチューニングが大変ですね。「受験で合格するためにはさ……」と言っても、「2年後のことだし」みたいな反応をされてしまいます。
そういうときはまず受験校を明確にしてもらって、その上で逆算から考えてもらいますね。「今の成績が20点で、1年後には80点にならないといけない。あと1年で60点の点数を上げなければならないから、1ヶ月で5は上げないといけないね」というような感じで、具体的な数字を示して話をするようにしています。

岩崎　仕事は毎日なにかしらの評価を受けることが多いですが、勉強は若干違いますもんね。だからこその逆算ですか。

西岡　そうです。でも、漠然とした目標でもいいんですよ。「いい人になりたい」とか「人から評価される人になりたい」とか、そういう漠然としたものであっても、何らかの目標がある子なら、目標達成に向けたモチベーションは持ちやすいです。
ただし気をつけてあげた方がいいことがあって、それは自分で言ったことを忘れないように手助けしてあげることです。子供は、自分で言ったことを忘れてしまったり、新しいものに飛び付いたりする人が多いと思うので、目標が「過去の自分の言葉」になってしまう前に、メモをしてもらうことは多いです。大事なのは「学ぶ意志」です。

岩崎　また、本書を読んでいて「これはビジネスでも同じだな」と思ったのは、相手にコーチの利用価値をわかってもらうというポイントでした。

よく、「コーチとして相手をコーチングしていても、全然質問してくれない」と嘆く人がいるんです。でも、人間って、相手に利用価値があると感じてくれれば、勝手に質問をしてくれるようになるはずなんです。それなのにそうなっていないということは、「この人と話してもなんの意味もない」と思われてしまっている可能性が高いんですよ。

西岡　それは……。お互いに黙ってしまって、全然コーチングが成立しなくなりそうですね。そういうときって、どうすればいいんですか？　コーチが「自分はすごいんだ」と自慢げにアピールするのも何か違うように感じます。

岩崎　そうですね、「すごい人アピール」をすると、うざがられてしまったり、「この人はすごい人で、自分のような人間とは全く違うから、この人に質問しても何も得られない」と思われて逆効果になってしまう危険性がありますので、避けた方がいいでしょう。

西岡　ああ、子供のコーチングでもよくあるケースですね、コーチの経歴に圧倒されて、「自分はそうはなれないから」と諦めモードになってしまうのは。

岩崎　そういうときに必要なのは、コーチをどう利用・活用していくのか、そのイメージを持ってもらいやすくすることです。

すごい人アピールをしなくても、簡単に自分の利用価値を相手に伝えることはできます。たとえば、コーチ自身のキャリアと行ってきた業務説明を、できる限り丁寧に行うだけでも相手の見方は変わるものです。

「自分は、ずっと会社で営業をやってきました」なんて伝えても、相手はこちらの利用イメージがつかないかもしれません。だって、「営業」と言ってもいろんな営業があるじゃないですか？　だから、「どういう種類の営業をしていた人間なのか」まで明確に伝えていくんです。「飲食業の法人向けの商品を売っていました」とか、「3年間、こういう商品をここで売っていました」などと具体的にプレゼンすると、ちょっと興味を持ってもらいやすいですよね。

西岡　ああ、そっちの方がいいですね。

岩崎　その上で、もしそれでも相手とのコミュニケーションがうまくいかなかったら、「自分はこういう人間だから、こういう質問をされたら答えられると思います」と自分の利用価値を具体的に言います。「飲食業の法人向けの商品を売っていましたから、飲食店に対してどのようなコミュニケーションを取れば好印象を持ってもらえるか、ある程度知見をシェアできます」などという風に。

西岡　なるほど、それも、「教えない技術」とつながっているところがあると感じます。「飲食店に対して好印象を与えるのはどのようなコミュニケーションか」を教えるのではなく、「知っていますので、興味があったら聞いてください」というわけですもんね。教えるのではなく、答えを求められたらシェアするのが大事と。

岩崎　そうですね。その上で、「答えなんてない」と思ってコーチングすることは意識しないといけない点だと思います。

コーチングのコーチに対して、「この人は答えを知っているから、答えを教えてもらおう」というテンションで話を聞いてしまう人って多いんですよね。でも、答えなんて大体、ないんですよ。営業技術でもプレゼンでも、答えはない。ある人がある方法で売れたとしても、その人がまたその方法で成功するか、他の人にもできるかといった再現性があるかどうかはわかりません。「自分はこの方法でうまくいった」という情報の共有以外は、そして情報の共有「以上」のことはできないんです。

西岡　それはかなり重要なコーチングの前提ですね。コーチが答えを知っているわけではなくて、自分で考えなければならないという前提で話す、と。本書は『教えない技術』というタイトルですが、やっぱりそれは、答えを知っている人から教わるのではなく、自分で答えを探す姿勢をこそ支援したいという意味を込めています。その意味で、「共有以上はできない」は重要な観点だと感じます。

岩崎　そういえば西岡さんは、内田樹さんの『先生はえらい』で本が好きになったと言っていましたよね。

西岡　そうなんです。タイトルが『先生はえらい』だから、みんな「無条件で先生に従えば成績が上がる」という内容だと勘違いするんですが、読んでみるとそんな本ではなく、むしろ「どんな先生であってもいい。先生はえらいんだと僕らが考えているうちは、実は何からでも、どこからでも学ぶことができるんだ」ということを教えてくれる本でした。この意識はコーチングのコーチを賢く使うためにも役立つと思います。

やっぱり、人の話を聞こうする、その姿勢自体が学ぶためには大事なんです。

岩崎　逆に、学ぶ側がその姿勢を持っていないとどんなにうまく教えてもうまくいかないから、相手がその姿勢を持ちやすいコミュニケーションを推し進めていく必要があるということですね。

おわりに

さて、本書もおわりの時間が近づいてまいりました。ここまでいかがでしたか？

最後にみなさんにお伝えしたいのは、「先生の言うことを聞く良い生徒」は、理想ではない、ということです。

多くの学校やご家庭で理想とされているのは「大人の言うことをよく聞く良い子」だと思います。「静かにしなさい」と言ったら静かになる、「勉強しなさい」と言ったら勉強する、それが理想だと思われていますが、それは本当でしょうか？

たしかに大人の言うことをよく聞く良い子は、先生や親御さんからしたらとても望ましいかもしれません。しかし残念ながら、そういう子供は意外と長い目で見て成功しない場合も少なくないのです。

中学受験で理想の名門中学に上がったものの、その先で全く勉強しなくなり、落ちこぼれになってそのまま大学受験のモチベーションまで落としてしまう……なんて話、聞いたことがありますよね。

それは一体なぜなのか。それを伝えるために、1つ昔話をさせてください。

みなさんは、「賢馬ハンス」の話を知っていますか？

昔ドイツで、「計算ができる」という馬が生まれました。その馬はハンスという名前で、「2足す3は？」「5引く1は？」などと聞くと、蹄鉄《ていてつ》をその回数だけ叩いて答えるのです。「2足す3は？」と聞かれると5回、「5引く1は？」と聞かれると4回叩く。「すごい、本当に計算ができるぞ！」と、多くの人を驚かせました。

しかし実は、この馬は計算力があるわけではありませんでした。実は周りの人の呼吸や表情を読み取って、たとえば5回叩いたときに「お！」と驚く人が多かったら5回で叩くのを止めていただけだったのです。ですから、「2足す3」と言われたときも、1回叩いたところでみんなが拍手をすると、それで正解だと思って叩くのをやめてしまったのだそうです。

これと同じことが、「良い子」には起こってしまいます。

今の世の中、この「良い子症候群」が発生しています。有名な中学受験の塾に通っている生徒の中には、隣の子に採点をしてもらう時に「赤ペンで丸付けしないでおいてくれない？　あとで書き直すんだ」と頼む子が多いといいます。どうしてそんなことをするのかと聞くと、「後で親が見る時に、点数が悪いと怒られるんだ」と答えるのだとか。

これはまさに、「賢馬ハンス」ですよね。

大人が生徒の結果に拘泥《こうでい》し、良い子であることを求めれば求めるほど、子供は「賢馬ハンス」のようになっていきます。

「良い子」であることを求めないこと。生徒の挑戦を見守り、生徒のやりたいようにやってみさせること。これこそが、実は一番難しいけれど一番大事な「コーチングメソッド」なのだと思います。

本書はずっと「教えない技術」についてお話をしてきました。生徒を育てるのは、生徒自身であるべきです。周りがそれに対して何かを求めれば求めるほど、生徒の成長は阻害されていきます。

大人が多い時代の今、適切な技術を用いて、教えないままに生徒にアプローチしていくことこそが、これからの日本の教育には求められるのではないでしょうか。

本書が、その一助になれば幸いです。ありがとうございました！

教《おし》えない技術《ぎじゅつ》
「質問《しつもん》」で成績《せいせき》が上《あ》がる東大式《とうだいしき》コーチングメソッド

二〇二三年一二月一八日 第一刷発行

著者 西岡壱誠《にしおかいっせい》

発行者 太田克史《おおたかつし》

編集担当 片倉直弥《かたくらなおや》

発行所 株式会社星海社
〒一一二-〇〇一三
東京都文京区音羽一-一七-一四 音羽YKビル四階
電話 〇三-六九〇二-一七三〇
FAX 〇三-六九〇二-一七三一
https://www.seikaisha.co.jp

発売元 株式会社講談社
〒一一二-八〇〇一
東京都文京区音羽二-一二-二一
(販売) 〇三-五三九五-五八一七
(業務) 〇三-五三九五-三六一五

印刷所 TOPPAN株式会社

製本所 株式会社国宝社

アートディレクター 吉岡秀典《よしおかひでのり》（セプテンバーカウボーイ）
デザイナー 五十嵐《いがらし》ユミ
フォントディレクター 紺野慎一《こんのしんいち》
校閲 鷗来堂《おうらいどう》

ISBN978-4-06-533850-6
Printed in Japan

280
SEIKAISHA SHINSHO

234

ビジネスとしての東大受験

億を稼ぐ悪の受験ハック

黒田将臣

監修 西岡壱誠

新時代の「稼げる」受験術、お教えします！

東大生タレントがテレビやネットで大人気の今、もはや東大生は「稼げる職業」と言っても過言ではありません。そして、推薦・AO入試によって受験界が変わりつつある現在、東大合格はコツさえ摑めば実は誰でも可能です。この本では、ムダな努力をせず最速で東大に合格し、高学歴ブランドを徹底活用する「ビジネス東大合格」を指南します。これまで予備校・進学校が独占してきた一般入試を攻略する裏ワザ、未だに攻略法が確立されていない推薦・AO入試の最新ノウハウ、さらには大学のブランドで稼ぐ方法までの全てをこの一冊に詰めこみました。誰もが受験に苦しまず、社会で活躍できる世の中を作りましょう！

254

東大生が教える 13歳からの学部選び

東大カルペ・ディエム
監修 西岡壱誠

リアルな大学の学びを総勢33人の現役東大生たちがお伝えします!

大学受験のために目指す学部を決めないといけない、でも学部の違いはよく分からない——こんな悩みを持つ中学生・高校生のみなさんは多いのではないでしょうか。現在、入試に際してますます具体的な志望理由が求められるようになる一方、大学でのリアルな学びについての情報発信はまだまだ足りません。そこで、あなたが好きなこと、やりたいことに基づいて、将来につながる進学をするための学部選びの教科書を作りました。この本では、総勢33人の現役東大生たちがそれぞれの学部で学んだことを分かりやすくレポートしています。本書をヒントに、ぜひ理想の大学進学を成功させてください!

252

核兵器入門

多田将

核兵器の動作原理から開発史、核抑止の政治学まで網羅した核兵器入門の決定版

核兵器、それは人類史上最強の破壊力を持つ兵器です。核戦争の危機が再び迫る現代、実際に核兵器が爆発する物理的メカニズムや核開発の歴史、さらに安全保障における核抑止の最新の議論について学ぶことが、核の悲劇を繰り返さないために必要ではないでしょうか。本書では物理学者である著者が「もし東京に核兵器が落ちたらどんな被害が出るのか」などのシミュレーションをはじめ、核兵器をめぐる物理的・軍事的・歴史的側面を広く解説し、最終章では政治学者の小泉悠氏、村野将氏と核兵器をめぐる最新の国際情勢について議論しました。本書が核兵器について考える一助になれば幸いです。

258

「ドラゴン桜」式クイズで学ぶ東大思考

宇野仙　企画　西岡壱誠

東大式「考える習慣」が身につくクイズを集めました!

百人もの受験生を東大合格に導いてきた人気予備校講師が見抜いた東大生の共通点、それは「身近な疑問を考える習慣」です。東大に合格できる人は日常的に感じる違和感を深く考え、生活の中で思考力を磨いているのです。東大もそういった人を重視し、日常の疑問を扱った入試問題を数多く出題しています。本書では、みなさんに東大式の思考習慣を身につけていただくため、東大生作家・西岡壱誠さんと協力して東大式の疑問力と思考力を鍛える良問を25題集め、随所に東大思考の本質を突いた『ドラゴン桜』の名言をちりばめました。この一冊で、クイズ感覚で楽しく東大思考をマスターしてください!

265

天皇家の帝王学

小田部雄次

日本の歴史を作ってきた「帝王学」の内実に迫る！

古くから日本に続く天皇家の統治の術、それが帝王学である。古くは軍事的才能、中世においては学芸や儒学への関心、近代においては儒学と洋学の素養など、そのあり方は時代とともに変化してきたが、天皇家が連綿と続く傍らには常に帝王学が、そしてそれを涵養する教育システムが存在した。歴史をひもとく中で分かるのは、帝王学が世相や権力のあり方をよく反映した写し鏡であることだ――武家政権の時代には平和的に宮廷文化を継承し、戦前には立憲君主としての統治能力として発揮されてきたように。逆に言えば現在の天皇家の帝王学からは、現在の、そして未来の日本の姿がよく見えてくるのである。

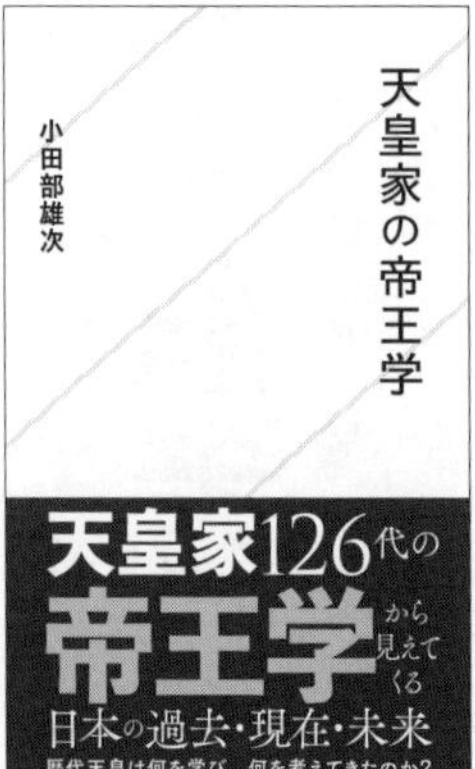

269

選抜入試の教科書

クラウドセンバツ　企画 西岡壱誠

これからの大学受験のスタンダード「選抜入試」史上初の教科書！

選抜入試（旧AO・推薦入試）はいま最も熱い大学受験のトレンドです。東大などの名門大学でも導入され、早稲田大学は「選抜入試入学者の割合を6割まで引き上げる」という目標まで掲げています。選抜入試は、自分の強みをうまく活かせば逆転合格の可能性が広がる夢の入試で、私たち選抜入試専門塾「クラウドセンバツ」の塾長も偏差値35から難関私大に逆転合格しました。この本は、私たちが選抜入試を通じて毎年約３００人の逆転合格を実現してきたノウハウをまとめ、自己分析から志望校選び、願書、面接、小論文対策まで選抜入試の全てを解説した史上初の教科書です。この教科書で、みなさんも理想の大学進学を勝ち取りましょう！

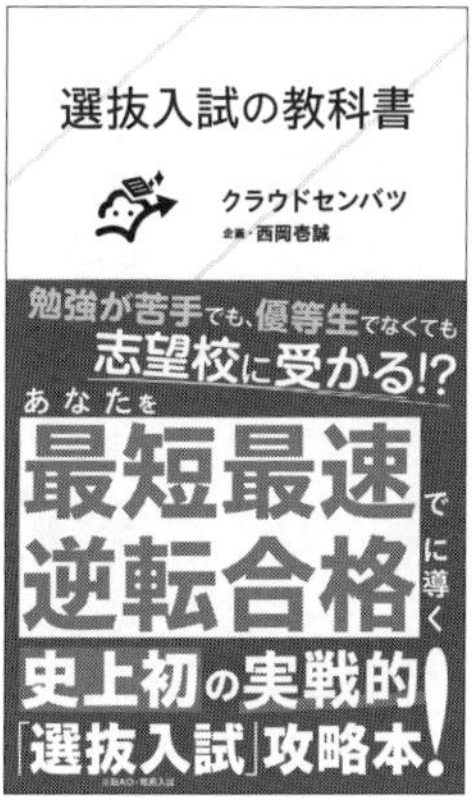

270

東大の良問10に学ぶ世界史の思考法

相生昌悟　監修 西岡壱誠

東大式「世界史の思考法」を総ざらい＆東大世界史問題でより深める！

東大世界史は「世界史の思考法」を学ぶのに最適の教材です。東大はこれまで入試問題を通じて、枝葉末節の暗記にとらわれない世界史の大きな流れを理解する重要性を世に問うてきました。本書では、そんな東大世界史を徹底的に研究した東大生が選りすぐった10問をもとに、古代から現代までの世界史の流れを見ていきます。各章前半の講義編では、予備知識のない方でも東大の議論がわかるように前提となる世界史知識をまとめ、各章後半の演習編では、東大世界史名物「大論述」を実際に解いて、東大が問いかける問題意識や世界史の重要ポイントを詳細に解説しました。この1冊で東大レベルの世界史の思考法を

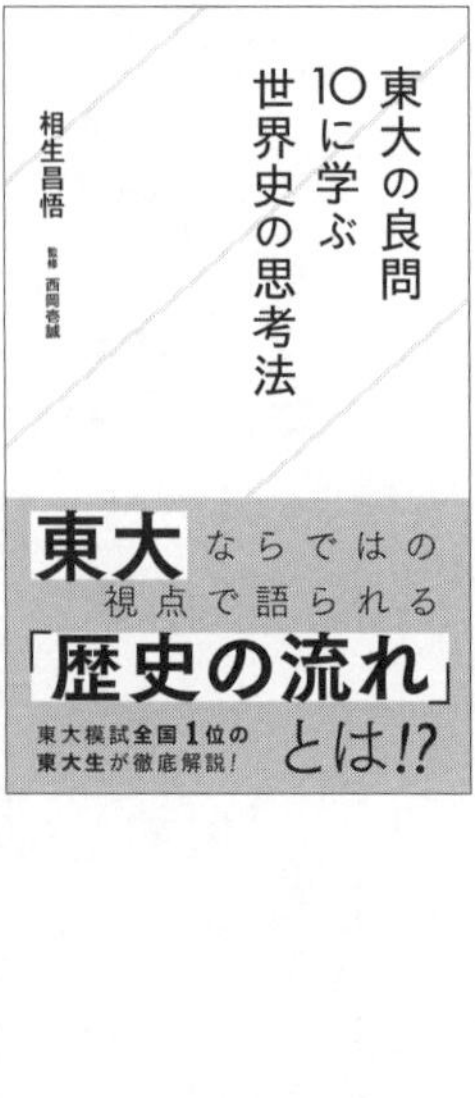

274

東大生が教える「戦争の終わり方」の歴史

東大カルペ・ディエム
監修 西岡壱誠

歴史上の「戦争の終わり方」を東大生が徹底リサーチ!

世界史上、数多くの戦争が行われてきましたが、その後の世界を大きく左右したのは戦争の過程よりもその「終わり方」です。東大生チーム「東大カルペ・ディエム」が戦争の歴史を調べ上げた結果わかったのは、「戦争は敵の軍隊を倒せば終わる、とは限らない」ということでした。本書では、戦争の終わり方を「軍隊の勝利・敗北」「領土の占領や戦力の枯渇」「宗教問題が関わり、長期化したり特徴的な終わり方になった」「両者の妥協によって終わった」「複数国が関わって複雑化した」の5つのパターンに分類し、31の戦争の終わり方がその後の世界に与えた影響をまとめました。今現在も続いている戦争を考える一助となれば幸いです。

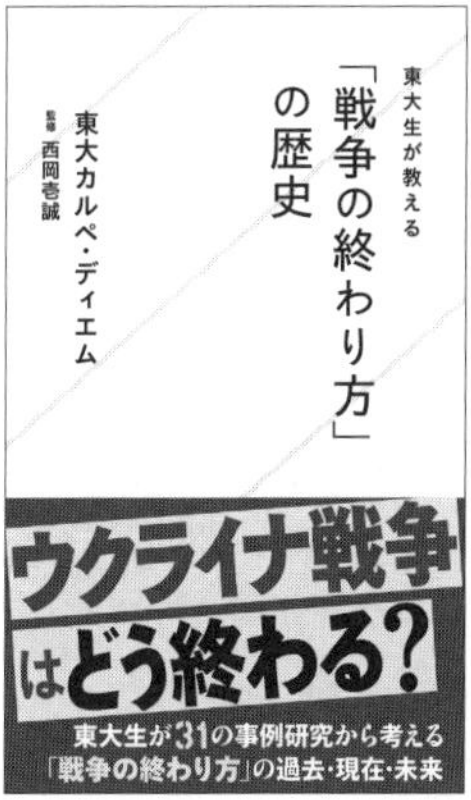

次世代による次世代のための

武器としての教養
星海社新書

星海社新書は、困難な時代にあっても前向きに自分の人生を切り開いていこうとする次世代の人間に向けて、ここに創刊いたします。本の力を思いきり信じて、みなさんと一緒に新しい時代の新しい価値観を創っていきたい。若い力で、世界を変えていきたいのです。

本には、その力があります。読者であるあなたが、そこから何かを読み取り、それを自らの血肉にすることができれば、一冊の本の存在によって、あなたの人生は一瞬にして変わってしまうでしょう。思考が変われば行動が変わり、行動が変われば生き方が変わります。著者をはじめ、本作りに関わる多くの人の想いがそのまま形となった、文化的遺伝子としての本には、大げさではなく、それだけの力が宿っていると思うのです。

沈下していく地盤の上で、他のみんなと一緒に身動きが取れないまま、大きな穴へと落ちていくのか？　それとも、重力に逆らって立ち上がり、前を向いて最前線で戦っていくことを選ぶのか？

星海社新書の目的は、戦うことを選んだ次世代の仲間たちに「武器としての教養」をくばることです。知的好奇心を満たすだけでなく、自らの力で未来を切り開いていくための〝武器〟としても使える知のかたちを、シリーズとしてまとめていきたいと思います。

2011年9月

星海社新書初代編集長　柿内芳文

SEIKAISHA
SHINSHO